EDITION REGENSBURG

Edi Reitmeier

Hirnkastlschutza

Gedanken • Gedichte • Geschichten

EDITION REGENSBURG

1. Auflage 2016

© 2016 EDITION REGENSBURG,
erschienen im Spielberg Verlag, Neumarkt/Regensburg
Korrektorat: Sigrid Müller
Umschlagbild: Edi Reitmeier
Umschlaggestaltung: Spielberg Verlag
Druck und Bindung: Inprint GmbH, Erlangen

ISBN: 978-3-95452-704-5

www.spielberg-verlag.de

Danke

Ein großes Dankeschön an dieser Stelle, an alle meine Helfer. Ohne sie wäre dieses Buch nicht erschienen.

Meiner Tochter Andrea für ihr jahrelanges »in den Ohren liegen«, meiner Enkelin Sandra für ihre Zeichnungen, meinem Bruder Hans für seine guten Worte und ganz besonders meiner Frau Renate. Sie hat unermüdlich getippt – getippt – getippt – getippt.

Zum Buch

Die Schreibweise im Dialekt unterliegt keinen festen Regeln und kann jederzeit kritisiert werden. Lautsprache ist im Interesse der besseren Lesbarkeit im Dialekt manchesmal schwer darstellbar, wie zum Beispiel

wae für wie (wia – waej – waey)
Maeh für Mühe (Müah – Maeji)
mia für wir

Innerhalb der Sätze lässt sich aber der Sinn gut nachvollziehen und verstehen.
Nun wünsche ich viel Freude beim Lesen und bleims eahram Dialekt treu!

Der Autor

Eine gewisse Deftigkeit gheart zu der Mundart einfach dazou!
Druckts doch ohne grouße Pflanz Woahratn aus.
Sollt eahna also da oa oda anda der folgenden Ausdrück net ganz
manierlich erscheina, bitt i zwengs der authentischen Schilderung
des Vorkommnisses um Ihre geschätzte Nachsicht.

Hinterm Dichter ein Mensch
Über den Mundartpoeten Eduard Reitmeier

Wer, wie ich, den Autor dieses schmucken »Lesebuches« zeitlebens kennt, darf es sich, so glaube ich, erlauben, ein wenig auf die Persönlichkeit, den Menschen hinter dem Mundartpoeten Eduard Reitmeier zu blicken. Dieser ist zunächst einmal ein ungemein musischer Mensch – schon immer gewesen! Neben dem Schreiben gehört somit auch die Musik, vielseitig und stets als Nobelamateur betrieben, zu ihm. Das hat viel damit zu tun, dass ihm die freie Entfaltung seiner Kreativität ebenso selbstverständlich eigen ist wie die selbstauferlegte Disziplin im Umgang mit ihr. Will sagen, so wie er als Schreibender eigentlich ein klar strukturierter Solist ist, fügt er sich als Musiker, besser noch »Musikant«, in eine Gruppe ein, wenn er sie akzeptiert. Ob als Sänger oder Kontrabassist in Volksmusikgruppen, einstmals in einer der legendären Tanzmusikbands oder sogar in einer leibhaftigen Jazz-BigBand – stets ist er mit Freude, Hingabe und mit Engagement ein unerlässlicher Teil, der sich selbst aber nie im Vordergrund sehen möchte. Nicht nur hier ist er, auf Neudeutsch, ein uneitler Teamplayer im besten Sinne, aber mit durchaus eigenem Kopf. Ein g'standnes Mannsbild eben, geschätzt von seinem Umfeld, hilfsbereit, selbstbewusst, aber nach außen hin meist zurückhaltend. Er trägt sich zwar nicht an, teilt die Gedanken, die ihm wichtig genug erscheinen, aber auf seine Weise schon mit.

Wobei wir bei seinem schriftstellerischen und dichterischen Wirken wären: Er ist ein leidenschaftlicher Verfechter der echten Further Mundart, denkt, schreibt und spricht (liest) in ihr. Hier hat er es anerkannter Maßen zur Meisterschaft gebracht – was er jedoch niemals von sich selbst sagen würde. Mit untrüglichem Sinn für ihre eigene Ästhetik und Gleichwertigeit gegenüber der Hochsprache baut er mal filigrane, mal kraftvolle Lyrik- und Prosa-Gebäude aus ihr. Scheinbar kontroverse Grundstimmungen unter einen Hut zu bringen, ist einer seiner hervorstechendsten Grundzüge. Er ist das, was man einen authentischen »Schreiberling« nennen darf.

Niemand ist leise poesievoll und energisch extrovertiert zur gleichen Zeit. So ist auch die spannende, über mehr als dreißig Jahre gewachsene Vielfalt in seinem Buch zu erklären. Und so versteht man auch, wie viel Herzblut und Dichterschweiß investiert wurden. Natürlich ist auch sein bisheriger Lebens- und Schaffensweg in Abschnitten verlaufen – aus dem begeisterten Sportler und Schafkopfer in der Jugend ist ein verantwortungsvoller Familien- und Gemeinschaftsmensch geworden, dem Dinge wie Verlässlichkeit und Kontinuität, aber auch das Ausleben der eigenen Kreativität und Phantasie wichtig sind. Er hat sich durchgebissen, wenn es nötig war, hat aber auch genossen und immer dazugelernt. Er hat die Welt kennengelernt, war sich immer seiner Wurzeln bewusst, ist sich darüber hinaus treu geblieben. Dieses kleine aber feine Buch ist nicht mehr, doch auch nicht weniger als eine Art Tagebuch in Gedicht- und Kurzgeschichtenform. Er findet sich darin wieder, wie wir ihn kennen und mögen – zwischen »Glas halb leer und Glas halb voll«.

Ich und nicht nur ich, bin sehr froh, dass er dem doch so vergänglichen Zuhör-Erlebnis bei diversen Erzählungen und Lesungen endlich den Bleistift folgen ließ.

»Zeit ist woan, dreißg Johr hamma draf gwoart.«

Hans Reitmeier, Edis Bruder

Guatn Moang

A neia Tog wiards bold wieda
de eastn Vögl muckan scho
putzn eahna taufeichts Gfieda
und fangan mitm Pfeifa o

Längst howe meine Schouh auszong
laf boafoußat im frischn Gros
grod affe hots ma d Zaeha bong
so kolt woars z allaeast und nos

A poor Reima mocht da Boch
guarglt staad nem mia dahi
a zeitlang schaue n Wossa noch
obs des preßanta hot wae i

Am Feldweg gaehts aetz leicht bergo
da Sunn zou de zon Afstaeh richt -
bold lege d Datscha wieda o
wal s Stoindlzeig in d Foußsohln sticht

Schnuagraed voar mia liegt staad da Wold
do grün und blau - duat gelb und braun
a so wae holt grod s Laeht hifollt
a naedsmol andast ozonschaun

Bromba – Huiba – Hoiwalstauan
reckan se mia gspreitzt entgeng

11

stolz mit glänzatnoßn Lauban
protzns - »host scho sowos gsehng?«

Mittn in dem Gstraichat stenga
wae af da Wacht zwoa drimma Bam
a Menschnalta oda länga
holtn de zwoa gwieß scho zamm

A letzta Blick am Boch - af d Wiesn
de dampfln - duat wous z Sunn orüahrt
scho howe wae a fedas Kißn
n Woldbon unta meina gspüart

S is a Rauschn – Blosn - Wacharln
a Waeng und Knoarzn in de Bam
Stoina mit moosgrüne Dacharln
ma sehgts im Hoidara drin kaam

A tuifa Hohlweg zreißt n Ranga
teilts Untahölzl vo de Faechtn
aus seine loahmbraun Owänd glanga
wae Finga Wuarzlsträng in d Laechtn

Wae wenns ma winkatn is bold
a bißal gruslat is herinn
grod als wars a Zaubawold
in den i aetza kemma bin

A Zaubawold voll Hexngschichtn
wou Schrazn de oam Leit vodearm

wou Hexn ea baes Werk vorichtn
bis endle selwa ogmurkst wearn

Du olta Depp – hear s Trama af
sinst kimmst heit nimma weit
nimm Deine Faeß in d Händ und laf
vogiß - dei Märchenzeit

Schoaf bergo und quea dua s Holz
bold kimme schöi ins Schwitzn
s Hearzarl oawat - pumpat stolz
gaeh weita - net hisitzn

Af oan Olaf wiards dapackt
mit vüll Schnaufa und Blosn
da Buckl juckt - s Hemad pappt
volla Spinnwem is d Hosn

Dea Houhsitz af da Oicha
dea kimmt ma aetz grod recht
do affe kannt d Luft roicha
gwieß sitzt ma duat net schlecht

Troidfelda - zrupfte Wiesln
oans druckt ans anda dro
Fleckarln - gscheckate Bißln
so weit wose schaua ko

Üwa d Halm da Baehmisch waht
oa Streichln - Welln - oa Schwinga

z mittast in dem Meer schöi staad
zwoa Stoabühlschiffarl schwimma

Vo weithea heart ma s Laitn
und iagandwou ballt a Hund
d Oanaed faedat beizeitn
allwal lauta wiards duat unt

Aetza hots me wieda d Welt
d Staadn - d Rouh is voschwuna
z Sunn hot d Nacht ins Eckarl gstellt
und füa a poor Stund gwunna

S hülft nix - pfüate Göttathron
i mou aetz owekraxln
ob i a hoamzou no laffa konn
mit meine gstarran Haxln

Am Woldsam gaehts no em dahi
owa aetz in da Hohlagoßn
wülln d Wadln nimma recht wae i
maed bine – maed - wae daschoßn

Und dennast!

Herrgottnomol - woa des heit schöi!
Druckts no eina aetz - es Soarng
füas Oschaun - s Lusn, füas Trama und Gaeh
Vogeltsgott dafüa und
Guatn Moang

A Bitt an mein Schutzengl

S ganz Johr lang
host me aetza gschützt
Du Schutzengl Du
und - hots wos gnützt?

Moinst net daß mia
am End mehr nutzt
wennst mi wenga schützt
dafüa mehra schutzt?

Zwengs dem - Schutzengl
heit mei Bitt:
Gib ma Schutz, *Schutza
und wenns is an Tritt!

*für nichtbairische Engl: Schutza = Schubs = Stoß

Gspüarn

Hats scho amol an Bam so richte in d Oam gnumma?

Z east is a no gscheit hiat und gstarra.

Owa nochana Zeit moint ma, ea war wiacha
woarn und lewende!

s Vogarl

Kimmt a Vogarl gflong

howen Bauch eizong

haetten draußn loußn

haet se s Vogarl dastoußn

Da Bochgrapparl Opa und s Tarokka

Scho wieda is elfe beim Tarokka woarn
mit fünf Holwe Bier gaeht da Grapparl Sepp hoam.
»Spätast um neine kimme gwieß« hota gsagt
extra liab hotna s Kathl beim opfüatn gfragt.

Do is ja scho s Haisl, er wülls afmaisln d Tir,
s gaeht net, ja is ebba da Riegl scho vir?
D Stolltir is a zou, ja sakkaraneine!
Heit hots me, vostohlns kimme do net eine.

»Liabs Katharl moch af, gaeh lou me holt ei!«
Vo da Schlofstum kimmts Echo: »Follt ma net ei,
wenn da s Tarokka allwal wichtiga is,
tarokk no weita und schlof af da Wies!«

Dem Seppn dem wiard de Bettlarei z dumm
ea holt se vom Boch a recht a schwars Drumm
zahrts üwan Hof - mit an graislichn Schroa,
wiarfta in Hofbrunn an mordsgroußn Stoa.

Da Kathl, de lust wos da Sepp draußt treibt,
wiard ganz angste, wae da Mo a so schreit.
Hupft eine in d Kuttn und rennt voll Nout
zo dem stockfinstan Brunn -»mei Sepp is tout!«

»O Sepp - o Sepp« jammats owe in Brunn,
derwal schleicht dea Baze affe in d Stum

und während no s Katharl am Brunn unt bet,
zuigta se aus und scho liegta im Bett.

S Bier schwartn ei, ea kimmt langsam in d Rouh,
a Zeit lang lusta dem Rousnkranz zou,
na fangta schöi laut mitn Schnoarcha o
und s Katharl, des höart, hot wieda ihrn Mo.

Gscheng is des alles vora bold hundat Johrn,
hons bei eahrna Stoinan Houzat dafoahrn.
Weit in de Neinzg sans mitanand olt woarn
üwas Tarokka homs koa Woart mehr voloarn.

Zeitgeist

Du mußt dich erheben
dich vorwärts begeben
den Zeitgeist begreifen
dich ihm stellen – reifen

Entzieh dich der Maße
der tätigen Klasse
ihrem Hasten – Drängen
überkommenen Zwängen.

Entsage den Freuden
am Kräfte vergeuden
dem nach Arbeit buhlen
in Verantwortung suhlen.

Laß jene ruhig schwitzen
die Arbeit besitzen
du mußt es vermeiden
dies Los zu erleiden.

Schärfe all deine Sinne
nach Chancen und beginne
dich fortan zu bequemen,
dir vom Andern zu nehmen.

Nutze jede Sekunde
die Gunst deiner Stunde

und mach dann die Beute
auf Kosten der Meute.

Legitim wird dein Lügen,
Denunzieren - Betrügen
alle Tücken und Listen
um dieses dein Leben
im Zeitgeist zu fristen.

d Volksmuse

Grod allwal moderna
des konnst ma gwieß glaum
wae vo da Stanga
wearn ma bold ausschaun

A Eignheit bewoahrn
is gecha d Etikett
mei Nachba redt a scho
an »hochsprech« Dialekt

Unsa Hiarn hamma scho
füan Computa heagrıcht
aetz brauch ma na bloß no
a einheitlichs Gsicht

Im Endausbau samma
nacha durchnummariert
mit Köpf woach wae Schwamma
und schöi uniformiert

Brauchan Knöpfarln bloß drahn
af Schaltarln drucka
wal ma austauschbar san
bringt a s Ostearm koa Lucka

Lang hot me des gwurmt
am End hots ma na glangt

und bin holwat umgfurmt
bei da Volksmuse glandt

Do is ma koa Numma
konn ma singa und spüln
a Freid denan bringa
de uns zoulusn wülln

I leb zwengs dem a no
in da heitign Zeit
mou jedn Tog voarn dro, owa -
aetz mocht alls mehra Freid.

Hojo, d´Musekantn san do

Text: Edi Reitmeier, vo dö Further Sänger

Melodie: Herbert Wirrer

Furth im Wald, den 25.11.80

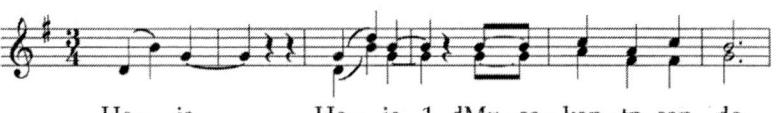

Ho - jo   Ho - jo   1. dMu - se - kan - tn san do
                         2.   Mia   fang ma glei o
                         3.   O   Hun ga lou no
                         4.   O - wa gern sing ma do.

Hängts en - gan Hofhund o,   daß a net bei-ßn ko
Al - le   Leit se lu - sn gern   wenns unser Mu-se hörn
mia Bettl mu - si - kantn hams schwar oft is unsa Geld-sog laar
Ös   sads   net nou - de gwen,   Vo-gelts Gott sognma eng.

mochts sKu-chl-fen - sta af   mia   spül ma eatz   af.
glei   wiard ea sHer zal leicht, wenns Gei gerl oans streicht
hat   sel-tn an Ta - la gsehgn, Leit hülfts uns a   weng.
Mae   ma   no wei-da heit, pfüid God, lia-we   Leit.

Bettlmusekantn

Ma hots alle Tog a poormol gheart und gsehng, wenns vom Lager außa vo oam Haus zon andan zong san - gspült oda gsunga ham.

Sauba ozonge, achtsame Leit woarns meist und s Bettln gwieß net gwohnt. De wolltn net bloß oafach d Händ afholtn, do woarns dafüa z stolz. Na, de wolltn a wos hergem oda tauschn owa nix umasinst.

Wenns a net allawal musekalische Zuckarln gwen san, wos an d Zouheara voschachat ham. Hi und do woars owa a wiarkle schöine Muse. Nacha ham d Leit gmoint, daß des gwieß Gstudierte waarn mit ana klassischn Ausbildung.

Ofangs hot ma ja grod 30 bis 50 Kilo üwa d Grenz mitnehma derfa, s Noutwendigste holt und wos zon datrong woar. Weartvolle Sachan san eahna wae oft wieda ognumma woarn. Do san Leit am kontrolliern gwen, de vo da Muse ebbs vostanna und guate Geign oda Hearndln dakennt ham. De Instrumenta mit dene de Musekantn nacha bei uns af d Rois ganga san, woarn desweng oft a Ausklaubara und vom Klang hea net grod de bestn. A Voblosara woar do scho mol drinn.

Oanzelne Leit oda a Paarl sans beim Afspüln oft gwen und aehmol hot mas scho kennt, daß eahna goar net so recht zon Museziern woar, im Gengteil, am End ebba mehra zon Flenna.

Oamol woaßes no, do is a richtige grouße Blosmuse d Straß owezong. A ganze Kapelln mit Trummln und

Tschinelln und mit allm wos dazou gheart hot. Na wieda woars a Mo mit ana als Teiflsgeign umbautn Krucka.

Mia follt dea Staehgeiga ei, dea im finstan Hausgang so lang fiedlt und dazou no a zwoate Stimm singt, bis eahm oana s Staenglaecht zon Owefina afdraht. Wae dea Samariter späta vozühlt, net ebba zwengsn Mitleid oda wecha dera steiln Staeng af d Haustüa hi, sondan wala de Knoarzarei af dera Geing nimma laenga dapackt hot.

Oda des kloane Mandl mit seina Tuba uman Hols, waes mein Vodan vom Kanapee owaschreckt. Zearst wollt eahm da Dadda a drumm Schelln gem, füas Daschrecka. Heanoch is do wos af a Broutzeit draus woarn.

Des olte Weiwl sehg i a no voar mia, waei wenns heit war, waes in da Kültn ziedart und voar lauta Fruisn mit de Zähn mehra schnodart als singt. Is nacha sogoar seßhaft woarn bei uns in da Stood, des Weiwl.

Zearst hams, wenn a me no recht erinnat, ebbas z essn kraegt, a Scherzl Brout oda wos holt grod do woar. Vüll gwieß net, hot ja kam füa uns selwa glangt. Heanoch, waes mitm Brout nimma recht z friedn woarn, ham eahna d Leit in a Papierl eigwicklte Fünfarln oda Zehnarln aus de Fensta zougworfa. Aehmol, wenn des bsondas brave Musekantn woarn, ham eahna mia Kinda des Zehnarl bringa derfa. Woar scho ganz ebbs Bsondas füa uns Kloana, wenn se na de groußn Leit nomol mit an extra Stückl bei uns bedankt ham.

So in de fufzga Johr eine, sans eahna na allawal wenga woarn. Hot mas voboten oda is d Konkrenz vom Plattnspüla üwamachte woarn? I woaß net!

Es kannt owa a sa, daß de Leitln nacha nimma noutwende ghot ham, des Bettln mit da Muse.

Je länga i aso drüwa nochsinnier, kimmts ma voar, wae wenn de Leitln vo damols mit dazou gholfa ham, daß e seit meina Kindazeit ohne Muse und ohne d Singarei net sa konn.

San scho a Eainnarn weart, de Leit vo dera damalign Zeit. Oda wos moints Es?

*Im Grenz-Durchgangslager Furth im Wald wurden nach dem 2. Weltkrieg ca. 750.000 Heimatvertriebene aus den Ostgebieten versorgt. Die Menschen wohnten mal kürzer mal länger im Lager, bis sie auf ganz Deutschland verteilt werden konnten.

Da Keglomd

In meina Boumazeit hots in Furth net oan Fernseha, dafüa owa drei Kino gem.

Des Phönix, s Central und d Stadtlichtspiele. Füa unsa kloane Stood a ganza Haffa. Alle drei ham am Nomittog Film wae Dick und Doof, Tarzan oda Tom Mix zoigt. Den Zorro deafe net vogeßn.

De Stückln san bloß kurz gwen. Allawal wenns oinan grod an Krong ganga war, sans mit dea Schrift »Fortsetzung folgt« untabrocha woarn. De nächstn Tog host nacha d Fortsetzung oschaun kinna.

Des woarn scho Sachan, de woarn wichtig wemma mit seine Kumpln mitschmatzn wollt.

Des »Sehng wülln« hot alladings an groußn Hakn ghot und dea woar – »Die Finanzierung«. Dreimol Kino pro Wocha woarn dreimol dreißg Pfennen. A Haffa Geld des zearst vodient sa wollt. I hob do an mords Dusl ghot und a lukrative Nebentätigkeit gfuna. Mit der Selwigen im Kreiz howe glatt üwa meine Vohältniß lem kinna. Der Grund füa mein Reichtum woar »Kegel aufstellen«!

Im Gsellnhaus hots a Keglbahn gem. Do howe zwoamol in da Wocha Kegl afgstellt.

Mei Oawat woar, hinta an Brettavoschlog z woartn, de umgwoarfan Kegl so schnell wos ganga is wegzrama oda wieda aufzstelln, de Kugl in da Rinna wieda zu de Kegla zruckzschutzn, nacha glei wieda hinta meina Brettawänd voschwindn und woartn, bis wieda Kegl umfolln.

San alle Neine af oamol umgfolln, bine mit am »Alle Neine-Gschroa« zo dem Kegla vieregwetzt und hon ma vo dem a extra Zehnarl ogholt. Wenns Kegln goar woar, howe vo an naedn Kegla nomol a Zehnarl kassiert. Manchmol san do scho achtzg – neinzg Pfennen und mehra zammkemma.

Mit dem Streichwurschtbrout vom Gsellnhauswirt zwischneine – a ganz guats Gschäft.

So weit also die Vorbereitung auf das folgende Geschehen.

Es woar wieda amol a Keglomd voarbei. I hon mei Oawat wae allawal vorricht ghot. Es is Zeit woarn, daß e mit meim Afpassa, dem Nachreina Bepp hoamgaeh.

Da Bepp woar unsa Nachbar in da Woutzmühlstraß.

A ganz a brava Mo, vo Beruf a Booda. Vom Kraeh hota schaed no oan Fouß mit hoambrocht, dofüa owa zwoa Kruckan.

I gaeh also voaraus und moch dem Beppn d Haustüa af. Da Bepp gaeht auße, es tout an Schlog, da Bepp an Schroah und dann liegta a scho gschtrecktalängs am Trottoir. Aetz earst hama gmiarkt, daß untam Kegln grengt hot und glei draf gfreart – glosiert. Spaeglglatt woars, kam af de Faeß z holtn. De Gummipuffa am Bepp seine Kruckan san af dem Eis davo wae a Pflitschepfeil.

Herrgott hilf! Wae kemma mia aetz bloß vom Gsellnhaus owe bis hoam in d Woutzmühlstraß? Mitn Beppn seim oan Fouß und de Gummipuffer.

Ich hatte es damals schon des Öfteren erlebt, daß mich in aller größter Not »Eingebungen« erreichten. Beim Finden von glaubhaften Ausreden für nicht gemachte Schulhausaufgaben zum Beispiel. Auch dieses Mal, um es kurz zu machen, ist mir von einer übergeordneten Instanz geholfen worden.

Da Bepp sitzt also mit de zwoa Kruckan in de Händ voar mia am Hosnbon und schaut ganz gschreckt zu mia affa.

Wae ea mi in seina Nout a so oschaut da Bepp, is ma de »Eingebung« kemma.

I nimm oane vo de Kruckan an oam End, da Beppl sollt se am andan End festholtn. I wiars nacha prowiern, eahm am Hosnbon rutschart an de Hauswänd entlang in Richtung Woutzmühl zon zuing.

Normalaweis gengan mia den Weg in guat zeah Minutn, owa heit!?

Gottseidank san de Haisa net so guat voputzt gwen und i hon mit de Finga allawal wieda kloane Riß und Luckan gfuna.Vüll Luckan und Löcha san alladings a im Trottoir gwen wenn üwahaupt a weng a Teer drafwoar. Mia samma owa ganz guat weidakemma.

An da Hauswänd vom Gsellnhaus, am Goartnzaun vom Schmidt Dokta, üwas Centralkino und n Padetschwonga und weida in d Woutzmühlna Richtung.

Hin und wieder von einem nicht wiedergebbaren Kommentar vom »Pep« begleitet, wenn sein Hinterteil wieder einmal ein Loch im Trottoir gefunden hatte.

Am Reimabäck-Goartnzaun voarbei und am Drachnbaua Hofmann-Schmied samma, noch geraumer Leidenszeit vom Bepp, endlich am Haus vom Wochnik Paul okemma.

Des woar zon Ausrastn ganz guat, owa gleichzeitig des graeßte Problem af unsam schwirign Hoamweg. Bei dem Haus ham se zwoa broade Straßn gowlt. I hon koa Maua mehr ghod, koan Goartnzaun, nix war mehr do zon eikralln mit de Finganägl. Mia maeß ma owa quer üwa den freia Plotz af de anda Straßnseitn, umme zon Lacka-Wirtshaus.

Scho war e wieda af a »Eingebung« ogwiesn und de is a glei kemma.

Wahrscheinlich, weil ich schon in sehr jungen Jahren im Kirchenchor gesungen habe.

Da Bepp is ja scho am Hosnbonn gseßn. I hon me hinta eahm gsetzt, an d Hauswänd vom Wochnik Paul seim Haus ogloint, meine zwoa Faeß bis afs Kui ozong, den Beppl voar me higruckt und eahm an richtign Schutza gem, glei owahol vo seim Hintatal.

Da Bepp oiart sitzat üwars Trottoir und den Randstoa owe af d Straß und drüwa und wiard allawal schnella, prowiert s Bremsn, nacha drahtsn und – mit einem sehr ungehobelten Ausdruck erreicht er den Randstein gegen-über, besser gesagt, er wurde vom Randstein aufgefan-gen.

Irgendwae kimme a bei da Lacka aentn o.

D Woutzmühlstraß hama nacha bol daroicht und – da-hoam woarma!

A poor Tog draf hot ma mei Voda, ganz stolz af sein Boum, Grüaß vom Beppn ausgricht. I waar eahm a grouße Hülf gwen und ea haet an ganz an gwandtn Boum. Gsagt woarum, haeta eahm owa net. Zoigt hota eahm owa sei Hintatal, des richte grea und blau und oach ramponiert woar.

Am End sollte no vozühln, daß ma da Bepp zwoamol

umasinst d Hoor gschnittn und mi dabei aso zwickt hot, daß e bis heit no net sicha bin, ob des net mit Absicht woar – füa sei blaus Hintatal.

Die Gemeinderat-Sitzung

Als Burgamoasta eröffne ich hiermit die Sitzung vom Freita dem 27. Mai.

Zwoa Sachan sans heit zon vomeldn liabe Vosammlte.
I packs glei o und gaeh in medias res.
In Punkt oans gaehts um Bakterien und andas Gvaechat:

Zwengs Erhöhung da Goaßbock-Deckumlagen solle eng vom Kropfbauarn a poor Wörtarln sang.
Sei Olte schimpft, s Sprunggeld füan Bock glangat net aus wenn ma nix drafzohln, wiarfts des Vaeh ausm Haus. A poor Pfennen mehra sollt ihr de Dreckoawat bringa, sinst konn des Lumpavaeh, sagts, ebban andan histinka.
Füa d Sprunggelderhöhung is s Stinka koa Grund. Do maeßt glatt sie zohln, wal, da Bockgstank is gsund. De Bockholta, des woaß ma net earst heit, wearn de ältastn Leit.
Wal em alls davo dout vo dem Gschtank moin i, na earst recht so a kloans Vaecharl, so a erregte Bakterii.

Zu Punkt zwoa:

Wea s letzt Mol bei da Sitzung higlust hot woaß, mia brauchma an Plotz wouma n Dreck olod.
D Gmoa hot am Boch unt a kloane Wies, de füas Schuttra olodn grod passnd is.

A roanats Loch is und taung touts net vüll. Zon vopachtn
is a net, wals koana wüll.
Alls paßt, bloß s duat hifoahrn is saudumm, wal da
Klöpflbairen gheart da Grund rundum. I hon also de
Witen bettlt und bitt, daß uns s Durchfoahrtsrecht git.

Da Bartl dearfs ja scho lang hots resümiert, bei dem Selln
do haetts des ja a net schiniert und wenns dea dearf mit
seim Ohänga dem groußn, nacha konns a glei de ganz
Gmoa bei ihr drüwaloußn.

Licht und Schatten

...und die Einen stehn im Dunkeln
und die Andern stehn im Licht
doch man sieht nur die im Lichte
die im Dunkeln sieht man nicht...

Bertolt Brecht, Dreigroschenoper

Nur einer von vielen Dichtern, die sich mit dem Thema
»Licht und Schatten – Hell und Dunkel« befaßt haben,
die das Wechselspiel zwischen Tag und Nacht auf eine
andere Ebene heben wollten.

Auch ich versuche mit einer Geschichte aufzuzeigen,
wie nahe Licht und Schatten – Gut und Böse beieinander
liegen können.

* * *

An ana Fußgängerampl stengan dicht an dicht a haffa
Leit und woartn, daß »grün« wiard. Bloß in da Mitt vo
dem Plotz druckan se alle vo am riesign Mo weg. Wae a
Bam staehta duat.
A Plattn hota – a glattrasierte und an Nosnring. Schaun
touta, als wenna grod oan bißn haet, so richte grante und
stuar grodaus.
D Ampl zoigt grün und d Leit rennan lous, grod daß den
»Gegenverkehr« net üwadüwaraman.

Üwre bleibt a oanzelns Weiwl, des vo de vülln Leit und dem Tempo des drafham daschreckt, zögat und se net weitagaeh traut. Do schuibt se a drum tätowierta Manna-oarm um ihrane Schultan und zuigts und schuibst af de anda Straßnseitn umme.

Dreant okemma schauts in d Höih s Weiwl und in a lochats Gsicht mit an Nosnring mittndrin. Vo dem finstan Gsicht vo da andan Straßnseitn gaeht aetz ebbs wae a Laeht aus. Na voschwinds wieda – des Laeht und mit dem Laeht da Mo.

d Ami

Zearst hots an lautn Scheppara do, owa an richtig lautn und glei draf nomol oan. Nacha woar s ganz Zimma und mei Bett volla Glosschearm. D Mama is ins Schlafzimma einagrennt, ob ma wos passiert war. Ganz ausananda woars d Mama und daschreckt. Nacha hots gscheit gschimpft af de Ami mit eahrana Mörsaschuißarei. Oamol hots d Fensta zougmocht – und scho woarn d Gloscheim hi. Vo hinta unsarm Haus hom d Ami mit de Mörsa af de poor vosprengtn Landser af d Berg ummegschoßn.

Oa Nacht im Kella unt, wal Tieffliega kemma san, woar alls, wose vom Weltkraeh mitkraegt hon.

Umsomehra howe owa hernoch mit de Ami dalebt. De ham unsa Stodt erobart, eignumma und bsetzt, san nacha a ganze Zeit lang bei uns dobliem und ham mit uns zammglebt. »Häv ju a Zigrett for mei Pappa« woar s East wos i af Amerikanisch kinnt hon. Des woar wichtig, wal do hots nämlich bei uns in da Straß den oltn Thurna gem. Da Thurna is allawal mit so an Stecka mit am Noglspitzl untn dro, am Zigrettnstumperln sammeln unterwegs gwen. Füa oa Amizigrettn hot uns dea zoigt, waema mitm Pfeifa Vögl olockt, aso, daß goa nimma davofluing wolltn de Vögarln. I hon des Pfeifa allawal wieda pro-wiert und nie zammbrocht. Net oa Vogl is kemma zu mia. Owa ea, ea da Thurna, dea hot vo mia an ganzn Haffa »Zigretts for mei Pappa« graegt.

38

De Ami woarn no goar net lang do, nacha hams alle Leit vo da linkn Straßnseitn aus eahrane Haisa außa und bei uns af da rechtn Seitn eiquartiert. De ham na bei uns heareant so lang gessn und gschloffa, bis de Ami wieda aus eahrane Haisa auszong san. Bei mia hot da Alisl und da Kare in meim Bett mitgschloffa. Des woar scho ebbas ganz vorreckts damols, do woar wos lous. De ganz Woutzmühlstraß owe san oa Tschiep nochn andan gstana. Oi mit Maschinengwehra om draf, Panza, Spähwang, Mörsakanonen und no vüll mehra so interessante Sachan woarn do.

Mia vo da Woutzmühlnerbande ham wiarkle gnou zon Spioniern und Auskundschaftn ghot. Eispiern dahoam homs uns net allawal kinnt – und s Schimpfa hat ja net waeh do.

Bei oan vo unsane Erkundungsgänge hot da Ferstl Fredi amol unta am Tschiep an Keks liegn sehng und is um den Keks drunta krocha. Wae grod no sei Hintatal vom Auto vieraschaut, kimmt a Ami vom Haus außa, sehgt dem Fredi sei Ledahosn, zuigt af und git eahm einen Oarschtritt, daß den Fredi untas Auto duache und af da andan Seitn wieda auße hot.

Mia samma af und davo. Selbstvoständle mit dem Keks! Füa a Stückl vo seina Beute hot nacha da Fredi amol vo meim Apflbutzn obeißn derfa. Ehrensache unter Kameraden!

Mei kloane blechane Woschschüßl wire a nie vogeßn, wal, de Schüßl hot mia zu meim eastn Schocklad im Lem voholfa.

A Ami, a ganz a kohlrabarlschwoarza, woscht se in meina Woschschüßl s Gsicht o.

I sitz danem am Kanapee und schau eam zou. Des ganze schwoarze Gsicht woar voll weißm Soifaschaum.

I sinnier grod a so waes des git, daß dea trotz dera Rieblerei net weißa wiard, do glangt dea Mo af amol in sei Hosntaschn eine und holt ma mit zammzwickte Augn a Tofl Schocklad hea. Seidem konne de *Nega guat leidn, owohl i nie mehr vo am *Nega an Schocklad graegt hon.

A naedsmol, wenn s af Weihnachtn a Gansarl git, na follt ma wieda de Gschicht mit da Wagneren ei.

D Frau Wagner hot damols in unsam Haus im Parterre gwohnt. Im Kella unt hots a Gänspaarl gholtn, gschoppt und afzong. Hi und do ham d Frieda und da Wilhelm a weng a Sunn braucht. Dann hams in Gortn hintas Haus dearft. Do woar a kloans Fleckarl Wies mit an Zainl rundum, daß net davo kinnt ham. Ganz vostohln is des allawal herganga, sollt ja koana mirka, daß de oarme Wagneren Gäns holt. Obwohls de Vaecha bei ehrana Summafrischn kam amol aus de Augn loußn hot, woarns af oamol voschwuna, fuat woarns, nimma do, alle zwoa. Mia ham gsoucht und gsoucht, üwaroll. Net zon fina woarns, gstohln. De oarme Frau Wagner. De haffa Oawat des ghot hot mit dem Nudlmocha und dem Schoppa, bis de Gäns so grouß woarn und fett. Und aetza, alls umasunst!

*I woas, des derfma heit nimma song!

40

Am Tog draf kemman a poor Ami mit zwoa grupfte Gäns
zo da Wagneren. Sie solls brotn! Quick – af da Stell –
hams ihr befohln. D Frau Wagner hot se ja glei denkt,
daß des da Wilhem und d Frieda san. Zon beweisn woars
owa net, so nockat wae de Vögl aetza woarn. Sie hot also
d Zähn zammbißn und alle zwoa brotn.
Ob de Ami aetza davoar Angst ghot ham, daß de Wag-
neren den Brotn vogift hot, oda obs bloß a Gaudi mocha
wolltn, hamma nie ausakraegt. Se ham de ganz Haus-
gsellschaft zammtriem und alle mitananda sollt ma de
zwoa brotna Gäns essn, radeputz zammessn.
Se wearn uns dabei zouschaun und obacht gem, daß ja
nix üwrebleibt.
Mei – hot des gschmeckt und de Vögl woarn bold fuat.
Owa nacha, net lang draf, do is lousganga!
Mia ham ja de ganz Zeit kam a Fett z essn kraegt. De
Lemsmittelmarkn-Rationen woarn ja net grod machte.
Noch voarn und noch hintn ham de Vögl nomol »das
Licht der Welt« erblickt. Des woarn de letztn Gäns, de
d Wagneren afzong hot und üwa d Ami hots bis an ihr
seeligs End nimma org freindle gredt.

Es gab no a ganze Reih vo sechane Hudarln aus dera Zeit
zon vozühln. Kriegserlebnisse vo de Woutzmühlna Boum
sozusagen. Gottseidank hauptächlich lustige.
De Kinda ausm Grenzdurchgangslager Furth hom vüll
Schlimmars dalem maeßn.

Euer Kriegsveteran Edi

d Schweizer Pilln

N Hansl druckt scho ettle Tog
s Bauwaeh, s is a rechte Plog.
Ganz loude is a scho beinand
wenna grod oamol ausgeh kannt.
Koa Dokta hot bis aetz wos gnitzt
a naedsmol ea umsinst om sitzt.

De Stammtischbrüada lochan scho,
des paßt ja grod, den bring ma dro.
Bei mir ham d Schweizer Pilln wos brocht
luigt da Schneida Sepp und locht.
I woaß vo oan in Prag d Adress
do schreibst hi, der schickts Express!

Wae sollt wohl i af böihmisch schreim
wales net konn wird s Bauwaeh bleim.
A wos denn Hansl - wou denkst hi,
mia hülf ma da, mia schreim füa di.
Brauchst bloß fünf Mackln außatou
de lengma füa de Pilln dazou.

Vostohln hams na an Braef zammgflickt
zu an Kumpl af Prag eigschickt.
In Braefkastn solltan stecka,
es gang drum den Hansl zon dablecka.
Da Postbot dea a eigweiht is
git eahm den Braef am Hammltisch.

Da Hans den selln glei afgmocht hot
und lest, wos eahm da Böihmdokta rot:

Sie schreim ma do um d Schweizer Pülln
wals endle wieda scheißn wülln.
Ich gebe Ihnen in der Tat,
den ärztlich gut gemeinten Rat,
gehns hin no heit zum Silberhorn
louns eahna a neis Oarschloch bohrn.

Da Hans hot gschimpft, da Stammtisch glocht
Ma hot me um mein Fünfa brocht!

Gwundart hot na samt seim Flenna
daß a z Prag n Silberhorn kenna

Überraschung

Kimme gestarn vom Wirtshaus hoam,
finde am Küchntisch an Wisch:

Mei liawa Mo
bin da davo
bin mit Dia fiate
saf weita – pfüate

Musik - Probleme

Geige geübt,

Nachbar betrübt.

Tuba geblasen,

Nachbarn rasen.

Gesang geprobt,

Nachbar getobt.

Nachbarn geschlagen

seither keine Klagen.

d Furtha Sänga

Moda is, i gfrei me scho
heit Omd wiard wieda gsunga
in mia hots n ganzn To
scho a kloans bißarl klunga.

Neamand ko me daholtn
a net s allabest Essn
i glaub i brachts a goa net zamm
afs Singa zon vogeßn.

Sammas boranand d Sängafreind
glei beim eastn Liad ostimma
is grod waej wenn da To afleint
des hergem mächte gwieß nimma.

Wos ma no am Singa so gfollt:
Zwengs da Freid daemas, net ums Geld!
Wars net a so, hearat mas bold
am Zammklang, wal d Seel nacha fehlt.

Du – lus amol

Jung gheirat und vo do o plogt
grackart und gsport, im Finstan ghockt
jeds Fünfarl gwendt, dreimol ogschaut
und nie a Breckl Fleisch im Kraut.

Alls füas Haisl und ganz alloa
vom Mal owe gspoart, Stoa füa Stoa
gstrodlt, gstramplt, de länga Zeit
nie weit ausanand – s Elend – d Freid.

A so a Segn, s east Kind is woarn!
Im Kindsbett na als Engarl gstoarm.
Eigruckt, zwoa Johr z Rußland vomißt
nimma ei, aus und weita gwißt.

S Deandl, daß wenga afs Brout higlanga
ins Sachsn als Dirn in Stellung ganga.
Üwas Johr dahoam koa Oawat gfuna
da Sporgroschn in da Krisn zrunna.

Am Tog zwoamol stempln am Oawatsamt
zwoamol, daß neamad schwoarzoawatn kannt.
Oa Stund laffa, drei woartn und na zruck
am Nomittog s gleich füa den Stempeldruck.

Heil Hitla – Heil Füahra, du mochst uns Muat
aetz gaehts bold afwaerts und uns wieda guat,

gits a Oawat, is ma wieda wos weart,
und konn wieda sporn, aso wae ses gheart.

Scho blitzts und dunnats und wiard wieda gflennt,
da Kraeh wiard net goar, d Welt ziedat und brennt.
Doarschtnbraeh, Brennessl, Erdäpflschül –
zon Lem wieda zweng und zon Ostearm zfüll.

Häv ju Zigretts, Chesterfild, Lucki Streik?
Negamuse, Schwoarzhandl, a neie Zeit.
Entnazifiziert, a Währungsrefoarm
Oi wearn no reicha, de andan bleim oarm.

Hülzschouh, ja spinnst, Mokkassins, aus Leda
Naylonstrümpf, Kühlschrank, alls hot a jeda.
Gsport braucht nimma wearn, af Ratn wiard kafft,
Reich und Oarm bloß no in Jeans daherlafft.

Des Wirtschaftswunda nimmt oafach koa End
allawal wenga wiard in d Kiachan grennt,
koana hot aetz no füan andan a Zeit
bold gits af da Straß mehr Lotearn wae Leit.

Opa lus, wae wars mitm Oltnheim?
Woaßt, s Haisl is zkloa, do konnst nimma bleim!
A Austrogstüwl, so waes fraeha woar
Hots nimma, de Oltn lem eatz alloa.

Du – lus amol!

Vogeltsgott Nacht

Sinnier a weng und lou de gaeh
lus eine in d Nacht – schau in d Haeh
wos do om segst mocht de glei kloa
und leintn af den innan Stoa
den wost da heagricht host füan Tog
daßd as dapackst dei Maeh und Plog

Wae dia is scho ettlan ganga
de san a am Woldrand gstana
ham gwoart, daß innan staada wearn
wieda Kraft kraeng zon Locha – Plärrn

Vogeltsgott Nacht, füa de staad Red
Wenns di net gab – i wissat net.

Waes war – wenns war

Da Oa lust bloß no Karajan
da Anda wüll gern jazzn
da Dritt maecht s Weiwarl stumpat ham
da Nächst mit recht lange Haxn.

Da Oana schmatzt ihr Olta zvüll
da Andan wieda zweng
da Drittn hota vüll zvüll Gfühl
da Nächstn dea is a zstreng.

Da Oa vodient mitn Kopf sei Broat
da Anda mit de Faeß und Händ
da Dritt hot um sei Oawat Nout
da Nächst grod voa Dea wegrennt.

Da Oa spült nie de easte Geing
da Anda gearn amol afmuckt
da Dritt loust se am Buckl steing
da Nächst will daß ma voa eahm duckt.

Da Oa lebt s Lem noch Katalog
da Anda hot sei Strickmusta
da Dritt is vom spoarsama Schlog
da Nächst lebt bloß noch seim Glusta.

De Listn wiard unendlich lang
de Dickn wearn nacha dünna

de Kloana warn gern a Hopfastang
de Gscheitn vüll laewa dümma.

De Routn mächtn blonde Haarln
de Graua de wüllns malefiz
de Deandln grod de schöinstn Karln
de Untan houch om eahran Sitz.

I woaß net - owa irgendwae
stimmt glauwe nix mehr richte zamm
gam sa se grod a weng a Maeh
na warns a zfrien mit dem wos ham.

Weise Sprüch

Oft heart mas
daß d Oawat jung daholt
s git Leit, de san scho
eah Lem lang stoaolt.

Oft heart mas
dea oawat mit Fufzg hi af d Rente
hot as na
glangt s Geld net
füa d Alimente

s Woldbangarl

Am Bangarl sitzt a olta Mo
s schaut aus wae wenna schloft
a Haglstecka loint nemo
mia scheints den brauchta oft

A bißarl gstarra hockta do
und holt sein Kopf ins Laeht
a Oima hängt am Bangarl dro
»Butterschmalz« draf staeht

Gwieß is a in de Schwamma gwen
hot ebbs füa d Brotzeit gholt
voschnauft a Zeit lang – lust a weng
af d Rouh herinn im Wold

A sauwas Fleckarl wou a rast
unta de drimma Bam
als haett mas zon Mo zouepaßt
s gleich Alta wearns guat hom

A woama Wind – kaam daßt na miarkst
draht d Bladln – streichlt d Hoor
schöi ogmoln san de Oan vom Hiagst
weiß de Andan vo de Johr

Wae wenns mitnand am Trama san
de Oichan und da Mo

Grod als wae wenns zammghearn tan
kimmt oan des Bildl o

Wecks net af - de staadn Oltn
vogunn eah n Plotz und d Bänk
daß in da Sunn d Ast – d Faeß und d Foltn
afwiarma kinnan no a weng.

Wirtshaustradition

Vo de traditionelln Wirtshaisa aus de fufzga Johr san bei uns, wae andaswou a, nimma vüll üwrebliem. De meistn nimma bewirtschaft – zougspiert – unrentabl.

Mit vüll guatn Wülln find ma no a poor umbaute, da Zeit opaßte Haisa de den Nam Wirtshaus no vodaena. Gaeht ma in de sinstign Gastronomien, heart ma statt »Grüaß Gott« zeast amol a »Hallo« und glei draf wiarst gfragt, obst d Speiskoartn brauchst. Solls a Pizza, ebbas Griechischs, am End wos Kroatischs oda Chinesischs sa? An Schweinsbrodn noch Art des Hauses gabs schaed no z Sunntan, z Weadan nimma.

Ja, wou samma aetza scho hikemma. Ein Vofall dea Sittn komma do bloß no song.

Des mitanand schmatzn im Wirtshaus, bei zwoa – drei Holwe Bier, bei dem ma Fraeha allahand gheart hot, gits kam no. Wae sollt do da Stadtrat no zu Infoamationen üwa die Ansichtn vo de Büaga kemma. De kinnan ja goar nixe song, wals alle zwengsn Essn s Mal voll ham. Unsane Stadtoban dappan desweng allwal mehra im Finstan ummanand und maeßn noch Aktenlage entscheidn.

Büaganähe – do moue grod außelocha. De ganz Demokratie is hie.

Is denn des ano a Kultua, wenn Stadtratsbeschlüsse im Rothaus und nimma im Wirtshaus ausgmocht wearn?

Wae solln a in de poor Restwirtshaisa alle Schwoazn – Routn – Grüina – Freia – Gelbn und de Farblousn ano dazou an Plotz füa Vosammlungen fina. Wenn se de alle zammdrucka maeßn, traut se ja koana üwan andan schimpfa wal dea ja mitlusn kannt.

Ein Vofall dea politischn Sittn auf broata Front!

Vo de aus Platzmangel kam no voahandna Schofkopf-rundn wülle goar net east ofanga.
Ein nicht abzusehender Schaden für das gesellschaftliche Leben der ganzen Stadt.

De Junga wearn dem Internet direkt zoutriem, statt daß an gscheitn Schofkopf learnatn.
Wale grod vom Schofkopfa schmatz! Dea olte Spähtn-Brauerei-Gasthof woar so ein Kultuaträger eastn Ranges. Fünf Tisch, a olts Ledakanapee, a Kachlofa, a Regulata Sprißlfensta mit an Asparagus af de Fenstabankarln, dazou a kloans Nebnzimma. In dem hamma mit unsane eastn Freindinnen s Tanzn prowiert. S Schofkopfa hot ma hearaust in da Wirtsstum beim Zouschaun glearnt.Vo de Mauara beim Wattn bis zo de honorigsten Schofkopf-rundn woar de ganz Büagaschaft in dea kloan Gaststubn votretn.
Gstandne Leit wae da Herr Notar, da Bretzn-Sepp, da Herr Brauereibesitzer und da Herr Stadtpfarra woarn alle Wocha am Kartln do. Se ham dabei s reinste Theata afgfüaht, waes da Ludwig Thoma net bessa schreim haet kinna. Wenn de Herrschaftn am Spüln woarn, host gmoint, daß alle Augnblick s Raffa ofangan. Dabei woarns de bestn Freind. Spüln ohne Gaude des woar eahna owa z langwale.

58

Oft hams dabei s ganz Wirtshaus untaholtn.
Da Bretzn-Sepp, grod a weng üwa oan Meta grouß und
a ganz ein gwürflta Gschäftsmo, knaeht – zwengs seina
Körpagraeß – wae allawal af seim Staehl om und gift am
Stadtpforra umme: »Du Bschießhansl du, spül net allawal
so deppat, du wampata Brestlen du, sinst graegst a Poor!«
Da Stadtpforra retour: »Wennst dir s Kartln net leistn
konnst, nacha vokaf holt deine zaudüan Bretzn teiana,
host gheat, du daspatzta Goliath du!«

Da olt Braumoasta woa da Staade in dea Rundn. Sein
groußn Aftritt hota a ghot. Wae ma vozüllt, wara in seim
eigna Wirtshaus mausdreckarl tout umgfolln. A schöina
Toud, wenn mas so richte bedenkt - im Wirtshaus!

Intressant woa a da Herr Notar. Dem hams im Kraeh,
zwengs ana Kopfvoletzung, am Hirn om a Silwaplattl ei-
gsetzt. Üwa dem is a ganz dünns Haitl gwochsn. Bei ana
etwas heftign Gemütsbewegung vom Herrn Notar is des
Plattl nacha af und nieda ganga, af und o und allawal
schnella und festa. Des woar na füa de andan s Zeichn:
»Obacht, dea hot wos voar, iagendebbas is lous –
bscheißta ebba?« Scho hams wieda an Grund füas Frotzln
ghot, woa de nächst Gaude fiate.
Aso kannt ma vo oam Tisch - vo om Haisl nochm andan
vozülln.

Wirtshauskultur pur, waemas heitzutogs leida sched no
seltn dalem konn.
Schood drum!

Üwa d Liab

Kannt sa, daß de folgende Gschicht a weng küarza aus-
follt wae sinst, wal - üwa d Liab schmatzn is ja grod füa
malfaule Waldla net oafach. Des spoart se unsaoans
wenns gaeht ganz, oda mia redma a weng außnumme.
»Ich liebe Dich« denk ma uns haechstns, damits ja nea-
mand heart.
Es glangt ja wiarkle üwaroll hi wenns hoißt »i mog De« –
» i hon De gern» – »Du tatst ma taung«.
Des hot doch a Aussage de wos heagit, mit dea ma wos
ofanga konn.
Des is a vüll leichta zon song und schöina is sowieso
wae des afgschmolzne houhdeitsche: »Ich liebe Dich.«
Owa dennast moues eng vozülln, wae de »Große Liebe«
s eastmol üwa mi kemma is.

In da zwoatn Klass is gwen, in da eastn Pause um Viertl
noch neine. I bin am Schulhof draußn, hon an goar nix
rechts denkt, d Sunn hot gschiena, a ganz a noarmala
Tog holt.

Und nacha ist passiert!
I hons s easte Mol gsehng. Koi zwoa Meta woars wegga
vo mia, zwoa Meta, wenn üwahaupst.
I konn engs song, in mi is wos einegfoahrn, ganz innan
eine und glei aso, wae es no nie dalebt ghot hon. Grod,
grod a so wae wenn da Blitz bei mia eigschlong haett –
grod a so.

I woaß heit no net, wae des duatasmol zouganga is, owa oans, oans des woaße ganz gwieß – des woa dea Moment für eine lebenslange Beziehung zwischen uns!
Daß ma uns richte vostenga. Es kimmt freile net vo selwa, wenn ma se üwa a so lange Zeit allawal no mog. Do howe, wenns ganga is alle Tog dro goawat und wos dafüa to, wal, vo nix kimmt nix. A Blaeml braucht zon wochsn sei Wossa und a Beziehung braucht a sei Pfleg.

I konn ma do des beste Zeugnis ausstelln und af an naedn Fall ganz gwieß song, daß e heit no, noch Jahrzehntn so nasch af mei easte Liab bin, wae damols in da zwoatn Klass um Viertl noch neine.

Sie hot se owa a, im Gegensatz zu mia, üwa de ganze Zeit kaam vowochsn! Is schier de Gleich bliem! Alls is bei ihr no wae fraeha, an seim richtign Plotz. Do, wouses braucht a wengarl mehra und duat, wous sa mou, a bißarl wenga. Owa holt trotzdem, rundum richte knacke, wae es scho allawal so gern ghot hon.

A Figürl – zeitlos – wiarkle woahr, a Figürl, i konns eng song, ein Figürl!

Und des net bloß zon oschaun!

I hons einfach – ganz einfach

zon Freßn gern

De Brezn.

Vom Lem - Strem und Weidagem
Heit stinkt ma alls

Do kraegt mas des Lem
ohne zfrong wiards oan gem
nacha hot mas des Lem
und konns nimma zruck gem

Wal mas duache mou lem
sollt an Sinn ma eahm gem
und da Sinn hoißts vom Lem
war nochm Haehjan strem

Um na s Haehgst zo dalem
moußt füa s Strem bloß no lem
und voar lautan Strem
vogißt ma na afs Lem

Host as z End gstrebt dei Lem
sollst net flenna zwengs dem
wal den Sinn vo dem Lem
host an d Kinda weida gem

De hams a kraegt eah Lem
ohne z frong host eahs gem
kinnans a net zruck gem
wearns holt a durche lem

An Sinn eahm na gem
noch no mehra strem
nacha s Strem weidagem
des Sel stinkt ma em!

Owa – konns a Lem **ohne** Strem gem?

Von da Schöpfung

Indem, daß ma mia alle mitananda recht gläubige Leit san, des hoißt, daß ma af an naedn Fall amol in Himml affe kemma maeßn, tracht ma wous no grod gaeht unsam Schöpfa nache.

Mia schauma also genau hi, ob da Herrgott omat bei seim Schöpfungswerk net doch s oane oda s anda vogeßn hot, wos ma mia im Nachhinein no richtn, nacheschöpfn kanntn.

Desweng treima s Schöpfa mit vüll Erfolg allawal weida und weida.

Mia hama dafüa riesngrouße Schöpflöffl erschaffn füa s Wossa- und s Erdölschöpfa, füa s Bama, füa s Vaecha und wenns paßt füas uns selwa Oschöpfa.

Füa alls, wos sinst no vo unsana geduldign Welt zon braucha is, füa des follt uns bestimmt a no wos ei.

Mia san ja schließlich schöpferisch.

Und a so schöpf ma also und schöpf ma –
und schöpf ma und schöpf ma allawal weida
und grod schöpfa tae ma.

Wear mas bold ausgschöpft ham – de **Schöpfung**. Oda?

Es sei - es Sai

Und nacha hota owagschaut

unsa Herrgott af sei Welt.

Und nacha hota gsagt

unsa Herrgott:

Es sei!

Und - !

Recht hota unsa Herrgott

Mia Sai!

Gerecht und Recht

Normalerweis is s Recht gerecht.

Wenn ma owa s »ge« vom recht trennt,

nacha hamma also bloß no a Recht.

Weil ma owa aetza bloß no a Recht ham

des wos ja nimma »ge«recht hoißt,

frogt ma se oft, ob des Recht a gerecht is.

Protokoll

Ort des Geschehens	Voithenberg Hütte (Oed) »Tantenhaus« u. Glashütte
Vorkommnisse und Beschwerde	einer Tante beim Hüttenmoasta: »De Glosmocha gengan aus da Hüttn außa und piesln grodaus voa unsane Augn üwa d Greed owe. Des is im haechstn Grod ungehörig und verwerflich! Des mou unterbunden werden!«
Beschluss des Hüttenmoastas:	»Hiermit soges eng, wenn ma nomol oana üwa d Greed owe pieslt, nacha is a Fünfarl Strof vo dem Selbigen zon zohln!«
Erneute Beschwerde	wiederum wurde owepieslt
Hüttenmoasta treibt des Fünfarl Strof ei...	Da Übeltäter legt a Zehnarl afn Tisch. »Paßt scho sogta, a kloans Schoißarl woar a dabei!«

Die Urlaubsfahrt

Nach des Jahres beschwerlicher Mühe
gilt Vieler Streben, der Gardasee-Brühe.
Auch Paul kann kaum seine Ungeduld zügeln
»Pfingsten komm doch komm, laß mich ›entflügeln‹.«

In Erwartung des Urlaubs bald gestorben
ward es nun endlich der Pfingstsamstagmorgen.
Bis zum Anschlag das Gaspedal durchgedrückt
braust er ab durch die Mitte ins Ferienglück.

Wae allawal voll Stoff, grod als wars a Renna
foahrt da Waldla als Surfa Richtung Brenna.
Af sechs Stundn mointa kannt an packa
den Katznsprung owe zu dera Lacka.

Wie Paul es insgeheim schon wußte,
es kommt so, wie es kommen mußte,
ganz Bayern ist heut auf den Beinen
und fahren tun die, s ist zum Weinen.

Ja Herrgottnomol schau her liawe Frau,
a guat dreißg Kilometa langa Stau.
Isn wiarkle so greisle bei de Preißn,
daß goar so vüll vo dahoam ausreißn?

Nun gilt es Geduld und Langmut zu üben
wegen des bayerischen Seppens dort drüben.
Dem Klugen obliegt es Verstand zu beweisen,
wenn bayerische Raudis im Verkehr entgleisen.

Noja, wenn s sa mou und n Herrgott gfollt,
daß so vüll preißisch üwan Brena rollt,
louen holt eina den Gustav in d Spur,
und zoig eahm mei Waldlagmüat, mei Kultur.

Nun, da sich beide als Partner entdecken
gehn sie ans Werk ein neues Feindbild zu wecken.
Ganoven, Strauchritta, Maffia-Geschwür,
diese blöde, bläde Autobahngebühr.

Nach der Reise unsäglicher Mühe
erreicht man nun die Gardasee-Brühe.
Man ist zu Haus, der See in deutscher Hand,
Italiener sind hier beinah unbekannt.

Da kroatische Kikkriki - Summatraam

Easter Tog

So! und aetz samma do
i häng d Haxn ins Maare
»Dobar dan – Kroatia«
schau me o, doda ware

Schau zou daßt me kurierst
guat zwoa Wochan host Zeit
bis do hi brauche wieda
a neie Oawatsfreid.

Dritter Tog

Grod schwitzn und schmiern doue
zwengs da Sunn, in oana Tour
bin scho rout wae a Krebs
an da ganzn Figur

Mein Kreislauf howe a scho
durchetscheckt und ogregt
i hon an am staadn Fleckarl
Oane ›obn Ohne‹ entdeckt

Hots do meina Pumpn
af oamol preßiert
vo meim tuifn Blutdruck
howe goar nix mehr gspüart

Innwande in mir drinn
singt ebbas kikkriki
und mei Luftmatratzn schwimmt
vo ganz alloins durt hi.

Sechster Tog

No also, mittlawalln
is de east Wocha um
i bin scho brauna woarn
und wampart rundummadum

Da Gockl in mia drinn
holt aetz a scho sei Mal
bei dera Hitz scheints is
a der zon schreia z faal

Neunter Tog

Allawal wenga wearns d Tog
allawal nahta kimmts d Zeit
no host me net eigholt
du blaede Oawatsfreid

Zwölfter Tog

I bin scho draf gspannt
waes dahoam nacha wiard
und ob se net doch
der Kikkriki wieda riahrt.

Ebbas Kloans

A kloane Wies bloß - goa nix Rars
stal und bucklat, zrupft liegts do
i woaß net recht wos an eahm hot
allwal wieda schau es o

A naeda Buckl, naede Buing
paßt zouanand grod wae higricht
wenn Wolknschattn driwazuing
graegts a naedsmol a andas Gsicht

S wiards wohl wissn s Wiesl s kloane
daß Zeit am bessan üwastaeht
wenns bleibt waes is - kloa und stoane
na gfollts de Leit, a wenns net blaeht.

Schlimm

I hob mas fest voagnumma, alls wos me voar und noch
da Operation plogt afzschreim.

Heit derfe s eastmol afstaeh und a poor Schritt gaeh. A
weng damisch bin e scho, noch dera langa Liegarei.
Der Kranknhausgang is ja net weit und ma sehgt
wieda amol a poor neie Gsichta.

Vo voarn kimmt ma a Kranknschwesta mit am Kind
entgeng. Schaut aus wae a Engarl des Kind. Ganz
blaß und schmol wae zon duachblosn. Grouße Augn
schaun me o. Obs a Dearndl oda a Bou is komma net
song. Hot ja koi Hoor am Kopf om. I füarcht, des Kloane
hot die gleich Krankat wae i.
Wos se do da Hergott ebba denkt hot. I bin Siewazg und
des Kind am End siem. Des dearf doch net sa.

I gaeh in mei Zimma zruck, wiarf meine Notizn in
Papierkorb und schreib nei:

Gemessen an »ganz Schlimm«
is »Schlimm«
goa nimma so schlimm

Freiheit

Freiheit is

Wenne kannt

Wanne maecht

Vom Hoamgaeh

Wolkn treim üwas Tal dahi, schware boirisch – barockane an am hellblaua Himml. An da untan Seitn a weng grau und vo om hea schnaeweiß vo da Sunn ogschiena.

Untahol meina woart da kloa Friedhof und no a weng weita untn glänzn d Wossan vo a poor Fischweiha in da fraeha Nomittogssunn. Glitzarn und gleißn ma in de Augn als warns Edlstoina.

Da frisch afgwoarfane Grobhugl glei nem dem Eingangstüarl woart scho af den »Heimkehrer« und sei Trauergmoa. De denkt scheints no beim Requiem in da Kircha an eahm. Oda is goar a Wei und koa Mo, de durtn de letzt Rouh fina sollt.

Wos hot dea Mensch füa a Lem ghot, wos hota se dawoart vo dem Lem? San Kinda do, hota füa andane wos iwre ghot oda bloß füa eahm selwa? Woars a zfriedna Mensch, wae olt woara, wae isa denn gstoam?

Naja, eahm oda sie komma ja nimma frong. Wünsch ma holt s Best und a guats Auskemma eantn in da Ewigkeit.

Aetz woart also s Grob und de letztn Blumagrüaß vo de Vowandtn und Freind, af den dea »hoamgaeht«.

Wemma schaed wißat, ob ma gstoamaweis net doch bei da einga Leicht zouschaut und sehgt, wos do am Friedhof so alls paßiert und vozapft wiard.

Am End komma vo om hea direkt in oan eineschaun. Dann wißt ma, ob de Trauer vo dem oda n andan echt is, ob de oda da Sel bei da Leicht goar bloß gsehng wearn wüll.

77

Als kloana Bou howes amol dalebt, wae am offan Grob
so hearzzerreißend gflennt woarn is, daß e gmoint hon,
de maechtn am laewarn nachehupfa ins Grob. A Stund
draf beim Krales woarn grod de de Eastn, de mit schöine
Schnodahüpfln zu »einem frohen Ausklang des Leichen-
schmauses« beitrong ham.
I hons ja mittlawaln a scho gheart, daß wou andas
d Leit gfreit, wenns da Toute gschafft hot und daß a
nacha mit ana zünftign Muse in Himml einegleit wiard.
Owa bei uns do – und glei Jodln – wenn a s Lem weita-
gaeh mou.
Noja – is ja scho lang hea und de Jodlara vo damols san a
scho gstoam.
In de Rouh do hearom am Friedhof mischt se vo weida
hea a Betn: »Gegrüßet seist Du...« heart mas und nacha
san d Amsln wieda lauta wae s Betn.
»Ewige Ruhe und das … leuchte Ihm« heart mas scho
lauta. AHA – Ihm –, is doch a Mo gwen.
I glaub, aetz wiards Zeit, daß e a a Platzl um sei Grob
umme find. Dem maechte gearn de letzt Ehr erweisn.
A poor Leit stengan scho umanand und da Leichzug
wiard a glei do sa.
Pfüate Good liawa Unbekannta. Da Herr geb dia de ewig
Rouh. Du kannst wenns gaeht, do om füa mi a guats
Wort eileng, daß a bei meina Leicht so a schöins Weda hot
wae heit. Daß nacha d Leit a zu mir mit guade Gedankn
afs Opfüatn kemma.

Pfüate Good nacha!

Alle Johr des gleiche Gfrett

Alle Johr des gleiche Gfrett
mit dem Atom-Gschroa – oda net?
Maeß ma wiarkle alle dafrearn
wenn d Atomkraftwerk wenga wearn?
Fraeha hot ma des net kennt
is mitn Wagl n Wold zougrennt
hot Ast owagrißn, zammglaubt s Holz
heit samma scheints füa sowos z stolz.

Alle Johr des gleiche Gfrett
glangt s Geld füa d Freizeit oda net?
Hams uns aetz bold durchnummeriert
n Schoaß a scho computrisiert?
Fraeha hot ma des net kennt
sein Nachbarn no vom Hausnam gnennt,
bis finsta woar sei Oawat ghot
außn Gleis hot koan a Urlaub brot.

Alle Johr des gleiche Gfrett
samma Christnleit oda net?
Kenna mas no wos guat is, wos schlecht?
Wos ma so treim – is des a recht?
Fraeha hot ma des net kennt
voam Essn bet und nix voschwendt.
Bei uns wiard s Troid in Tank eido,
wouandas do dahungarns no.

Alle Johr des gleiche Gfrett
wearn d Schuldn mehra oda net?
Wal alle Leit ferngsteiart wearn
braucht koans mehr af sei Gwissn hearn
Fraeha hot ma des net kennt
mitnanda glocht, mitnanda gflennt
Heit kimmt der weita der draf schaut
Daß a d Leit ausschmiert und koan traut.
Alle Johr des gleiche Gfrett!

oda net?

Da Troidboon

An Kella hots net s Haisl, s is af an Felshang hibaut mit an Stoodl danem. Dahinta san a groußa Walnußbam und a Hollastauan gwochsn. Voarndro a Opfl- a Zwetschgn- und a Holzbirnbam mit de Wutzarln, dest kam dabeißn host kinna.

Rechts am Hauseck, nouhat an da Hofeifoahrt hot se a guat zwoa Meta houhe Herzlstauan an d Hausmaua druckt. Hot de blaeht, woar des a Pracht wae des aso nimma gsehng hon.

Do, in dem Haus is mei Mama geboarn, hots d Kindheit vobroht, is drinn grouß woarn. Siem Kinda woarns in dem kloan Haisl, ganz eng afananda. Kam zon glaum wenn mas mit aetzige Augn oschaut.

Links ans Haus drobaut woar da Kouhstoll füa a poor Vaecha und da Misthaffa davoa.

Is ma ins Haisl eine, woar rechts d Tüa in d Stum und in d Kamma dahinta. Grodaus is in d Schneidawerkstood ganga mit dem groußn Tisch zon Zouschnein, da Nah- maschin und dem Regal mit de Baegleisn. Da Opa woar Bauer und Schneida. Da Hausnam hots ausgsagt: »Kra- mahanslschneida«. Zwengs da Generationenfolge »Kramahanslhansnschneida«.

Links, glei nema da Tür in Stoll eine is a steile Staeng am Troidboon affeganga, ganz omat mit ana Klappn zon zou- mocha.

Als Bou bine wae oft mit meine Eltan vo da Stood außa, duarn Wold bis zu meine Großeltan gwandat. Guat oanaholb Stund woama do scho untawegs. Wenn ma im Wold glei no Schwamma gfunna ham, hots oft no vüll länga dauart bis ma okemma san. Des is ma nacha oft elende lang voarkemma, wal bei da Oma da gerwa Zopf af mi gwoart hot. A saeße Biarnsuppm oda a Hafarl Milch und dea gerwane Zopf. Mei Leibspeis!

Hi und do sama üwa d Nacht bliem. Do howe mitkraegt wae mei Mama gschloffa hot, durtasmol als a kloans Deandl.

Konn me no guat an mei easts Üwanachtn erinnan.

Bolds finsta woarn is, woars Zeit zon Bettgaeh füa mi.

D Mama is mit ana brennatn Kirzn in an Talla mit a weng an Wossa drinn d Staeng affe voaroganga und i hint nache. S Elektrisch hots am Troidboon no net gem.

De Klappn am Staengend afghom, umglegt und scho woar ma af dem groaßn finstarn Boon om.

Hint an da Gieblmaua san drei Bettn gstana. S Mitta davo - s Mei. S Bettzeich und s Untabett hams schöi dick mit am frischn Hei ausgschoppt und füa mi heagricht.

A kloana Streichla und a »Guat Nacht« vo da Mama und na is de Kirzn und de Mama üwa den Brettaboon zu dera Boonlucka zruck. Des Laechtl is noch und noch allawal tuifa, kleana und kleana woarn. De Klappn is zouganga und i woar af amol ganz alloa af da Welt - in ana stockfinstarn Welt.

Duas Dach howe an a poor Stelln Stearndln gsehng und wenne genau glust hon, woar do und durt a Kratzn, a Reim, a Knoatzn zhearn, a Raschln.

A Vogl, a Maus oda ebba goa ganz wos andas?

Luft oholtn und lusn!

Hostas geheart? Do - scho wieda!

Ja net umdrahn, ja net drahn, des Hei im Bett is ja so laut. Kannt guat sa, daß me nacha a Geist oda sinst wos heart.

Wenne bloß net gsagt haett, daß e koa Angst hon und alloins do herom schlof. Mei Mama hots ja guat ghot, damols, mit ihrane Gschwista. De woarn zu siemt und warn gwieß a mit am Geist firte woarn.

Owa I ?! Ganz alloins!!

Net rüahrn, staad holtn, net laut schnaufa - lusn - lusn - lusn.

»Afstaeh! Afstaeh! Zeit is! Afstaeh!«

D Mama zuigt d Zoudeck in d Haeh und af amol is glöckarlhell. I bin in da Nacht allawal tuifa in mei Hei-bett eigsunka und d Zoudeck üwa mia zamm, aso, daß e glatt gmoint hon, s war no finsta. So fest vosteckt haett me net amol a Geist fina kinna.

A Hafarl Milch mit an Stückl gerwan Zopf und de Nacht mit de Vögl und de Mais, mit de Stearndln und de Geista woar scho goar nimma so schlimm. Mit an Zopf im Bauch und bei da Laechtn is ma holt oafach bessa draf als wae in da finstarn Nacht.

I hon no ettle Nacht do om am Troidboon gschloffa. Bin a wenns gwaht hot, mit an Schnae af da Zoudeck afgwacht.

So schöi schaure wae s east Mol, is owa nie mehr gwen.

Glas

Aus dunkler Erde Quarzgestein
geboren in des Feuers Glut
gab und gibt es immer wieder
Arbeit, Lohn und Lebensmut.

Neue Kraft den müden Augen
die Wunder dieser Welt zu schaun
an des Regenbogens Farben
am fernen Stern sich zu erbaun.

Nie wurd es zum Schwert geschmiedet
diente stets dem Frieden nur
machte unsre Stuben heller
wehrte den Mächten der Natur.

Ein göttliches Geschenk fürwahr
über viele Lebenszeiten
in immer neuem Kleid bis heut
unsre Wege zu begleiten.

Allzeit Glück sei dem beschieden
der dem Glase sich verband
über seinem Werken, Schaffen
liege segnend Gottes Hand.

Dieses Gedicht wurde von Wolfgang Kraus für einen 4 stimmigen Chor vertont und vom Vokal Ensemble Cantamus in Regensburg uraufgeführt.

Hiagst is woarn

Weise von Edi Reitmeier
Furth im Wald 2015

1. Hiagst is woarn und dBam ham glau-bat, al-las

hot an Win-ta-gschmo! Lu-sat wiards und rund-um

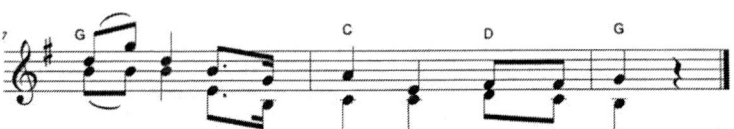

staa-da, all-wal küar-zer wiard da To.

2. An woarm Wintabolg trongs dVaecha,
   dOichhorn haman dNuß voramt.
   Dicht is woarn des Voglgfieda,
   koans davo sei Zeit vosamt.

3. Schnaeweiß is bald des letzt Zweigerl,
   scho gfrearts kloane Bacherln zou.
   Is vowaht na dWies und sSteigerl,
   legt se staad a sJoahr in dRouh.

Hiagst is woarn

Hiagst is woarn und d Bam ham glaubat
allas hot an Wintagschmo
lusat wiards und rundum staada
allwal küarza wiard da To

An woarm Wintabolg trongs d Vaecha
d Oichhoarn haman d Nuß voramt
dicht is woarn des Voglgfieda
koans davo sei Zeit vosamt

Vüll Leit souchan aetz in d Kircha
bold is a scho da Advent
Zeit is daß n Herrgott danka
füa s voganga Johr des endt

Schnaeweiß is bold des letzt Zweigerl
scho gfrearts kloane Bacherln zou
is vowaht na d Wies und s Steigerl
Legt se staad a s Johr in d Rouh

Das kleine Glück

Vorzüglich habe es ihr gemundet,
die Dame dem Küchenchef bekundet.
Des Lobes zufrieden zieht der sich zurück
erfreut ob seines kleinen Glücks.

Wohlwollend ihn ihre Blicke begleiten,
es genießend gute Laune zu verbreiten.
Voll Behagen lehnt sie sich zurück
und freut sich an dessen kleinem Glück.

Nun folgt Kaffee und Cognak zur Erbauung,
der Etikette wegen und der Verdauung.
Zum Abschluss sie ein Zigarettchen entzückt
und vervollständigt somit ihr kleines Glück.

Während Kaffee und Cognak ihre Pflicht verrichten,
läßt sie Cape und Collier von Eleganz berichten.
Die dezent im Licht erstrahlenden Stücke,
geben Zeugnis ab vom kleinen Glücke.

Plötzlich erfaßt sie ein mächtig Begehren,
mit Müh gelingt ihrs, dem abzuwehren.
Froh des Erfolges lehnt sie sich zurück,
dankbar ihrem Geschick und kleinem Glück.

Noch heftiger wird das innre Drängen!
Wird sie erliegen des Leibes Zwängen?

Tiefer - noch tiefer lehnt sie sich zurück,
heischend auf ein weiteres kleines Glück.

Ein kleines Lüftchen ihr entfleucht,
daß ihr gar wie von Gülle deucht
und mit echaufiertem Blick auf Nachbar
zieht sie sich zurück und läßt zurück
ihr kleines Glück.

Spaeglgsichta

Wae oft schaut ma in Spaegl eine, schaut se o und sehgt se doch net.

Grod howe an Gschichtn aus meina Boumazeit denkt.

Bin so richte in dea Erinnerung drinn und aetza DES!

I gspüar s Rasierwossa af da Haut brenna, af meina Haut, obwohl es doch dem do in dem Spaegl drinn ins Gsicht schmier.

In a olts, foltats, in a Gsicht, des ganz gwieß net s mei is, net sa konn! – Obwohl i des Rasierwossa gspüar.

Mia sollts ghean, ha, i, i sollt des sa, dea me aus dem Spaegl außa oschaut. Du lache ja bloß. Dea do drinn hot ja ganz graue Hoor. Ja, wos is denn do gschehng?

Wae bringt des dea Spaeglmo bloß zamm mit dem Rasierwossa? Eahm schmieres eine und mi brennts. Dabei brauches goar net, mia wochst doch no koa Bort net.

Wae sollts a sa, bin doch grod no Proda gfoahrn, stelzngloffa bine und schiffgschauklt und mei Voda hot me gschimpft, i sollt net so wild schaukln.

Seltsam, so gnau wae heit howe den do drinnat no nie oschaut.

Hob allawal schaed des oda s sel Stückarl davo gsoucht und nie s Ganze. Scho goar net des Hintane, des hinta dem voardan vosteckte Ganze, des aso dout, als wenns

I warat dea me mit so grouße Augn oschaut und dea zruckblinzlt wennen oblinzlt.

Des Gsicht voa mia, oda is des voa mia ebba a des dahinta? Des maeßt e doch a wissen, daß net s mei is, woue doch grod no Proda gfohrn bin und üwahaupt net so old sa konn, waes scheints selwa is. Woarum wülls me bloß aso füan Noarrn holtn, des Gfrieß.

Ja wos is des heit füa a Tog, daß ma grod aetz affollt, des innarne und des aißarne, des hereantarne oda s dreantarne Gsicht vo »Mia« oda vo »Dem« oda vo »Uns«?

Wißts wos es Gsichta, i tram aetza mei Zeitroasgschicht mitm Schiffschaukln und n Stelznlaffa weida und holma mei Boumagsicht zruck. Des Rasierwossa schütte aus, nacha kinnts me damit nimma äagarn.

Den luigatn Spaegl, den drahe um, des hats nacha davo! Na weards old ausschaun – es Gsichta es!

Sehnsucht

D Muada is mit ihr recht streng
und lousts net aus de Augn
grod siere bine scho desweng
nie trautsa se herschaun

I laaf ins Dorf an naedn Tog
voarbei an ihram Goartn
bloß daß kennt wae gern is mog
i konns kam no dawoartn

d Sunntan bei da Kommunion
sehg es glei eantn sitzn
na singe ihr umme wose konn
am End kannt des wos nitzn

Oans wearade na ausprowiern
bolds herschaut - an dem Tog
tat es mit am Gschenk vofiern
- obs wohl mein Pfeilbong mog?

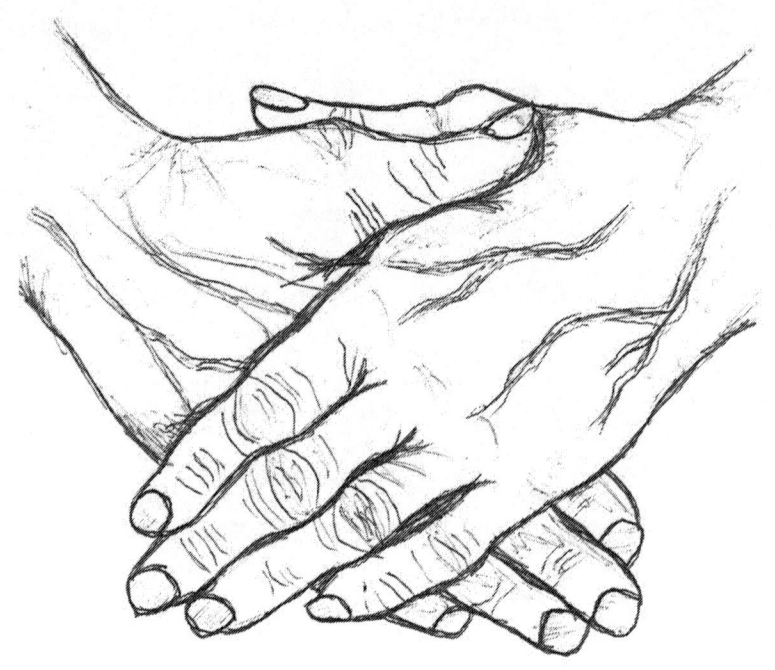

Zwoa olte Händ

Se ham de gstreichlt als an Kloan
da s betn glearnt - eahrn Segn gem
se owegrackat - gwerklt - gfroan
füa di alloi - scho dei ganz Lem

Aetz wous olt san - maed - voll Foltn
flecke und gstarra - krumm - vobong
datst de scheniern de Händ zon holtn
um eah füa alls dein Dank zon song

Nimms holt a weng und red mit eah
lus eah guat zou wenns wos vozühln
gib eahna s Gfühl - se braucht no wea
i glaub, daß goar net mehra wülln

Da Beichtstaehl

Da Wonga Sepp, es kennts na scho
a unbescholtna brava Mo
vorricht scho allwal mit seim Wei
füa unsan Pfoarra d Meßnerei.

Dabei, waes hi und do so kimmt
und wenn a alles zammastimmt
do konn des ganz schöi gfaehrle wearn
woarum, des weards aetz a glei hearn.

A Weiwl Gott mogs seelig hom,
s is a scho etlich Johr eigrom,
hotn Wonga in d Naetn brocht,
daßn heit no de ganz Gmoa dalocht.

Af d Weihnacht hizou is passiert,
damols woarn d Kirchan no net gschiert
und daßn Pfoarra net dafreahrt,
hot a hoaßa Zaegl in Beichtstaehl gheart.

Da Sepp richt also ganz alloa,
in alla Fraeh eine, den Stoa.
Hot fest n Virhang zoue gschom,
daß d Wiarm drinbleibt, net auße konn.

Rast ma mointa, s is no gnou Zeit,
bei dera Kültn beicht eh koans heit.

Ghuischarlt hota, so hotsn gfroarn,
im Beichtstaehl is scho wiarma woarn.

Ea hockt am Stoa om und siniert,
wae schöi ma d Hitz dua d Hosn gspiert.
Af oamol schrickt da Wonga zamm
gaach reißts na außa aus seim Tram.

»I orme sündige Person,
sog d Sündn o, so guat i kon.«
Zwischplt duach s Gittarl a Weiwastimm,
n Wonga is ganz hoaß woarn drinn.

Bis ea grod gschluckt und Luft gschnappt hot,
woars a scho beim nächstn Gebot.
Gschimpft und gstrittn haets mitm Mo,
wal dea koa Nacht dahoam bleim ko.

Z letzt haets eam a sein Schnaps volegt
und ob ma des als Sind osegt,
so richte war des ja net gstohln -
z vüll saffa haet da Olt net solln.

Aetz wars a zfriedn mit iahram Mo
wal ea nimma ins Wirtshaus ko.
Seits eahm ins Kraut a Rhizinus mischt,
bleibta, daß a s Haisl dawischt.

Da Wonga ruckt vom Gittarl weg,
so weit wos gaeht ins Beichtstaehleck.

Vo draußn hearta Schritt am Kies,
Jessas, wenn des da Pfoarra is!

Owa aetza schnell auße, da Sepp denkt
aso, daß me des Wei net dakennt.
Büßerin - nuschlt ea hi zon Wei,
»I geh von hinnen in d Sakristei,

von dannen kimmt da Kooprater zu dir
dem vozühlst na nomol s Gleiche wae mia
wal Du brauchst eine Absolution,
de wos da i enleins nicht gebn kon.«

Afgschnappt

Biebara: Gell Sepp, Dei Wei gaeht
gern in d Kircha

Bürschtara: Wae da Teifl!

November

November	- grau is s Laed
	traeb – maed
	nooß is, kolt
November	- s Lauwa follt
November	- huischarln – fruisn
	vogaeh – voluisn
	windn – renga
November	- ruckwärts denga
November	- Händ zammfoltn
	Einkehr holtn
	s Schloß afspierrn
November	- d Seel auskiehrn

Dieses Gedicht wurde von Walter Müller für einen 4 stimmigen Chor vertont und vom Vokal Ensemble Cantamus in Regensburg uraufgeführt.

A Wintatog

Bin eigentle recht frouh, daß e do herinn in da Wiarm sitz und net auße mou, in de Kültn.

Vom Fensta aus is ja recht schöi, de Sicht afn Nachbarn sein Goartn. Goartn is a weng zweng, s is mehra a Park mit de houha Bam drinn.

Ganz om drom af oan davo sitzt a Krouha und schaut se d Welt o. Rüahrt se und reibt se net, ganz gstarra hockta do om.

Is ea grod vom Bugl vo ana Hex owa oda schaed af ebbs z Freßn aus und lurt? Af an naedn Fall touta wae wenn eahm alls ghearn tat, do heruntn bei uns.

Und Schnaeflockn folln und folln, dick und schwar aus am bleian Himml und nehman scheints koa End.

Aetza sans scho zu zwoata de Krouha und hockan nehmanand z allahaegst om, a naeda af ana Spitz und kraahn se o. Kraah – kraah! Wos ebba schmatzn mitanand de Zwoa? Üwa des Hundsweda oda üwas Fraehjohr, des nimma weit weg is?

De Lärchbama af denans omhockan loinan no allawal ganz schief, oana am andan dro. Als tatns schmusn, als warns a Liebespaar de Zwoa. Wae wenn de Trauerweidn no allawal nehma eah stand. Guat a fufzg Johr hots eah s Wossa und d Laechtn gnumma, hots af d Seitn druckt. Letztn Hiagst hota da Bamsoch gheart, dea vosuffane Riesnbam, dea Egoist dea.

Se kanntn se ja aetz wieda grod africhtn, owa scheints wüllns so bucklat bleim wae ses gwohnt san üwa de vülln Johr.

Ob de Bama de Krouha vostaehngan wos mitananda schmatzn an dem voschniema Tog?
Vögl kemman ja ganz schöi ummanand im Wold und in da Stodt, san weitgreist. Owa se, de Bam, maen holt allawal do bleim in eahram Goartn und draf woartn, daß ab und zu Neiigkeitn vo dera Welt do draußt hearn. Do hoißts na guat hilusn, wenn wieda amol Vögl mitanand schmatzn. Se gem dene ja eahrne Ast und Zweigln zon Ratschn, Lurn und Schloffa, zon Schnabln und Nesterln baun. Do is ja wiarkle net zvüll volangt, wenns dafüa a weng untaholtn wearn!

Und d Flockn de noßn, folln und folln und voschluifan se, kam daß d Erd daroicht ham.

Kraah – kraah schreit oana vo de Krouha und fluigt af und davo. Kraah – Kraah git eahm da anda Antwoart und flieglt eahm nache.

Und d Bama in eahram Goartn woartn wieda und woartn.

Ob des Fraehjohr bold kimmt und s Starl und
s Schwaibarl ebbs Neis vo da Welt draußt mitbringt?

Christbamfrevl

Es is no goar net so lang hea, do hots bei uns no koan Christbammarkt gem. Nordmanntannen aus Dänemark hot ma damols no net kennt.

Um af Weihnachten an schöina Bam in da Stum z hom, hot ma se, wae oft, an den Rand der Legalität begem, um net zon song, an den Rand der Kriminalität. Scho da Oberfearschta vo Weimar hot se 1787 bei Herzog Karl August zwengs dea vo de Leit gfrevltn ca. 500 Stück Christbaimln beklogt. Er hot vom Herzog strengste »Maß-regeln zur Ausrottung dieser Barbarei« verlangt.

Also, wae gsagt, nix Neis de Vobote bis in unsa Zeit eina und trotzdem:

Da Franzl vozühlt ma, wae a in da Fraeh afgwacht is, daß scho glöckarlhell in seim Schlafzimma woar. Des haettn na gscheit gwundart, des Helle. Bis a nacha dahinta kemma is, daß de Edltanna draußt voar seim Fensta koan Gipfl mehr hot, üwa d Nacht sozusagen kopflos woarn is.

A andasmol vorot ma da Polizeihaiptling, ea woar mit am Kollegn in eahram oltn VW-Einsatzwong n Berg affe Streifn gfoahrn. Do hupft a hundart Meta voar eah a Mo mit an Baiml am Bugl außm Wold, üwarn Grom af d Straß außa, sehgt des Polizeiauto, wiarft den Bam weg, hupft üwarn Grom zruck und voschwind im Wold.

Zwengst dem vülln Schnae im Wold hams vo dea Verfol-gung des Diabs ogseng, den Bam owa als Corpus Delicti mitgnumma.

Se ham, hota vozühlt, no nie an so an schöina Bam bei da Polizei-Weihnachtsfeia ghot.

Vom Eisstockschuißn und vom Fruisn

Des Eischiern des tout heit wiarkle nout
wal de Kült goar koa End mehr nimmt
im Öfarl schnalzt s Holz, wacharlt d Glout
und s Wossagrantl Liadln ostimmt

A Gschroa voam Fensta a Juhe
»s Eis trogt« hot da Mo eina gheart,
scho reists na in d Haeh vom Kanapee
»do moue aus und wenns me dafreart«.

A Obst zon Wiarma in d Taschn gschom
s Eisstöckl vom Bodn owagholt
ogwischt, n ludan Stül nachegschlong.
»Wei, d Handscha - ja graeges aetz bold!«

Nix daholt na, s kannt grod sa wos mog
kam daß as no owoartn ko
wal na de Kültn draußt opackt am Schlog
setzta z east sei Obstflascharl o.

Scho isa na af da Eisboh om
volla Freid grod schöi is holt gwen
do hots eam af oamol d Faeß weggschom
scho isa am Oarsch durtn gleng.

No sauwa mointa, s gaeht ja schöi o
guat daß no ganz is sei Flaschl

nimmt af den Schrock a Schlückarl davo
und schuibts wieda zruck ins Taschl.

Af gaets, aetz packtas, s is so weit
scho staehta drinn in da Foußn
grod afzong hota und voll Schneid
s Eisstöckl d Boh vireloßn.

An Kracha douts, an Scheppra, an Schlo
zwoa Stöck hauts weg af d Seitn
a Stül und d Daum fluing a davo
an Stockring hearst hintnache leitn.

»Sechs-neine aus, de Weitn zohln!«
Glei a malvoll Zülwossa trunga
grod hupfa douta, so hots eam gfolln
a wengarl hota a scho gsunga.

Finsta is am Gretleck unt woarn
a da Eisstock wiard eam bold zschwar
in d Zaeha hots na sakkrisch gfroahrn
s Obstflascharl is radeputz laar.

Ganz gschtarra schauta s Wei dahoam o
kam daß a no staeh ko alloins
vüll Schnaps hots eam in Tee eineto
gecha d Kült gits nix Bessars – moints.

Muse af da Berghüttn

Staad is und lausche herinn im Wold
vom Himml wae Zucker
da Schnaeh owafollt
wae ozong schauns aus
de zougwahtn Bam
de knoarzat und hibong
de Schnaelast datrong

I konns guat vostaeh
wenns knoarzn de Bam
a mia ham knoarzt
wae ma s Zeig afte ham
mei *Baß is wos schöins
und i trog na a gearn
owa s nächst Mol i ganz gwieß
d Maultromml dalearn

* *Kontrabaß*

107

Vom Christbamstaehln

Staad und glatt, wae mit an Leintouh zoudeckt lieng d Wiesn do. Alle Gram und Buckln hot da baehmisch Wind brettlem mit an pulvan Schnae zougwaht.
D Bama vom Houhwold eantn schaun zu mia umma als haettns Pelzhaum af und hi und do glänzt da Schnae a weng im Mondschei.
Mit ihram letztn Blattl des vom Hiagst no bliem is, winkt ma de kloa Oicha zou. Wülls ma aetza zoing, daß trotz dera Kültn no a Lem in de zaudüarn Astln hot, oda maechts ma goar an Muat mocha füa mei Voahom?

Schod is, wenne üwa des frischgmochte Wintabett zon Wold ummelaf und drima Löcha einetritt.
S war sowieso gscheita, wenne vo da andan Seitn hea ins Faechtane einekam. Do am Weg hereant kimmt da Pfända gwieß öfta voarbei und sehgt na am End meine Stapfa am Wold ummezou.
Wenn me dea akrat beim Oschnein dawischt, na kannta owa teia wearn, mei Christbam.

I haet ja gern no a Wocha gwoart mitn Stauan hoamtou, wals nacha bis lang noch Heilen-Drei-Kine heaholtn tat. Owa heitztogs dearfst de sowos af de letztn Tog hi nimma traun. Do hockan alle Fearschta und Pfända im Wold draußt und luarn obs net doch oan »in Flagranti« dadappan.

Gspannt bine, ob mei Gipfl no om is, oda ob na scho oana owa gstohln hot. Schöigwochsne gits ja nimma vüll, de san in letzta Zeit rar woarn. Af so a Krautstauan bei dea ma Astln vosetzn und frisch eiboahrn mou, daß a weng wos gleichschaut, af sowos konne vozichtn. Dera folln nochm eastn Tog in da woarma Stum d Nodln o. Na, mei Bam, der mou wos gscheits, wos ganz Bsondas sa, des maechte moina!

So, des haett ma! Dea duat voarn maeßats scho sa.
Schöi schaust aus Baiml, mit deina weißn Haum. Du ghearst ma scho. Dei Familienanschluß is gsichart, wennst a aetz no in da Staatswaldung staehst.
A wengarl waeh touts ma scho, daß a da dei stolz Köpfl stutzn mou, owa du woaßt as ja, so a Baiml in da Stum is holt amol af Weihnachtn a Christnpflicht und füa di a grouße Ehre. I moin du host a goar nix dageng, wou ma doch mia zwoa mitanand grouß woarn und afgwochsn san. In a poor Johr wochsta dei Gipfl ja wieda nache und mia is gholfa.

Üwahaupst, wenne aso drüwa nochdenk! Du staehst do in da Staatswaldung herinn!
Du bist quase beim öffentlichen Dienst und füa uns alle do! Wennst also dann a mia ghearst, na kannt mas zumindest als wae an Mundraub hernehma, woaßt, so a kloans Staehln bloß.

No, Gott sei Dank, n eastn Ost howe daglangt. Dast net glaum, wae ma do ins Schnaufa kimmt. Wenn do untn aetza da Fearschta voarbeikam, kannta me gwieß bis owe blosn hearn.

Wenne mei Joppn aso oschau, do wiard mei *Rousnstöckl dahoam pfeifa! Ja wae konn a Bam a so drecke sa!

De Fingahandscha taung a nix. Do warn gscheite Faistlen recht gwen. Mit sechane tats me net aso in d Finga fruisn. Ganz gstarra sans scho und des bei dera Schauklarei do herom.

Do paß af Bou woust hisaglst, daß da net a gaeht wae n Alisl. Ja ja, da Alisl, dea hot se bei an sechan Wetta wae heit glatt selwa n Ost ogschnittn, af dem a om ghockt is. Hot se ganz schöi zammagricht damols bei seina Kraxlarei.

Schneidn touts ja wae s Gift, des Bongsagl. Bloß, füa de Oawat kannts a weng küarza sa. No ja, bessa des als oans des recht zwickt.

S Baiml lou e glauwe bessa mit ana Schnuar af d Erd owe, des is gwieß gscheita. Wennes vo dera Haehng owe wiarf, fluing eahm alle Putzlkaeh davo. War schod drum, wals goar so schöi ausschaun.

An mein Christbam moge koa Lametta oda Englshoor, wae mas manchmol saehgt. Wenn de Putzlkaeh in da woarma Stum afganga san und s haengan no a poor Strouhstearndln und Äpfl an de Zweig, na gfollt mia da Bam am allabestn. Nacha is da Bam no a Bam und koa Gstellasch.

Des is ja leichta ganga wae e gmoint hon. Kam daß a se gspreitzt hot beim Oweloußn. Ea woaß ja scho, daß a bsondas ehrenvolle Aufgab af eahm woart.

*Gattin

Rundum gschaut und glust howe a nomol vo om hea ob se wos rüahrt. Owa heit Nacht bine scheints da Oanzig im Wold.

Ja mei, wissn mou mas holt, wann de richte Zeit is zon Christbamstaehln. Aetza moue schaed no schaun, daß e net schnella als meim Gnack guattout, vom Bam owa-kimm.

Sauwa schaust aus Baiml, mit deine langa Nodln und schnuagraed bist gwochsn, wae gmoln! I gfrei me draf, wenn s Haisl noch deim Graßa schmeckt.

I woaß a wae ma aetza hoamkemman, ohne daß uns ebba dawischt. Do daema am Gangsteig owe, nacha umme ins Holz und grod weita, bis ma am ... owa i zoig dan scho den Weg.

Saehgst as, scho sama heareant. Do eina kimmt koa Fear-schta mehr und zon sogn hota do herinn scho goa nix.

Ja s Christbamstaehln ausm Staatswold mou glearnt sa.

Du - lus amal, hearst du nix? Des konn do net woahr sa!! Saglt do net ebba umanand herinn! Do wiard ma doch net oana...!

Ja Kruzenesn – ja Sakklzement! Schaust net glei, daßt weitakimmst!

Du Holzdiab, du ausgschamta, du Hodalump!

Staehl wou andast dein Bam - hearst - und net aus meim Wold!

111

s Friedenspferdarl

A Schreina hot sei Famüle in da schlechtn Zeit mit Oawatn füa dem und n seln üwa Wossa gholtn. Oamol a bei ana Furtha Mühl, de scho lang nimma is.
Füa ettle Stundn Oawat git eahm da Müllna a Rogl Maehl.
S Wei dahoam volla Freid: »Do moche moang Riwanze.«
Waes nacha des Maehl aus da Rogl außatout, do wiard des af oamol richte lewende.
A Zammagschoara woars – Maehlwüarm – Käfa!

Absicht oda net, es hot a andane Müllna gem. Des hot dea Schreina nacha in Gschwandt dalebt.
Dem Gschwandta Müllna hota a Schauklpferdarl füa seine Kinna gmocht. A Weihnachtsgschenk sollts sa.

Zwoa Brettln mit Pferdarlfigua links und rechts und vo am Sitzbrettl zammagholtn. S Wei hots no schöi ogmoln.

Wos a dafüa kraegt, fragt na da Müllna.
Dea Schreina denkt an den »lewendign« Oawatslouh und druckst a weng ummanand.
»Woaßt wos«, hülft eahm da Gschwandta, »du host ma a ›Friedenspferdarl‹ gmocht und graegst dafüa vo mia an Friedenslouh.«
A schöins Sackl Maehl is gwen – und des af Weihnachtn.
Buttaplätzln – Bärnpratzn – Spritzgebäck! I konn engs song – an Kuacha!
Ein Weihnachtn – ein Weihnachtn, des kinnts glaum!

Weihnachtn douts

Üwaroll weihnachts, s is bold soweit
alle woartn af de heilige Zeit
und richtn hea füa de festlichn Tog
an denan a Naeda den Andan mog

A Voda, vom Lem scho a wengarl hiart
hots wae alle Johr in eahm wieda gspüart
des staade Zruckwünschn in de sel Zeit
wae a Kind no woar, net so gscheit wae heit

Mit an Eisstöckl, goar an kloan Schliedn
mit Buttaplätzln woara scho zfriedn
Sei Voda mit an Packl Zigrettn
und d Muada mit ana Deck füa d Bettn

Schwar is eahm woarn in da heitign Zeit
ebbas zschenka, des na a selwa gfreit
daß as ja alln recht mocht, nix schulde bleibt
kaffta jeds Johr mehra - zua Sicherheit

Aetz is endle da Heiligobnd do
ea staeht z allahintast beim Christbam o
brummt unzfriedn beim Singa sei zwoate Stimm
»Mei Gschenk gfollt ja e koan« kimmts eahm in Sinn

S nächst Johr fange eha s Aussoucha o
af an Hundata mehra kimmts na net o
Des maechte sehng des war ja zon Locha
na wearns owa schaun - grod Augn wearns mocha

Af amol wiard da Mo inwande staad
waea sei Gschenkarl vom Boum außadraht
na schluckta voschtohlns und schamt se voarm Kind
waea a selwagmolns Hearzlbild find

Aetz is füa eahm de sel Zeit wieda do
de a so lang gsoucht hot da brave Mo
Ea nimmt n Boum in Oarm und hearzt na o

Weihnachtn is woarn – fangtses Singa o!

s Bladl

Sch... sch... sch... sch...

Staad drahts a se im Wind dem kloan
dea üwa d Roan üwa d Hugln
ummazou streicht - eina ins Tol
ruhiga und wiarma wae s letzt Mol

Schaed duat im Grom liegt no da Schnae
touts nimma lang - wiard a bold gaeh

Staad draht se s Bladl an seim Busch
Waegt se - waegt se - tanzt in da Sunn
als tats ma winka - grod aso
als wollts ma wos song, kimmts me o

Und draht se staad im Sunnaglanz
tanzt im kloan Wind an letztn Tanz

Als wollts s Fraehjohr außabittn
»kimm - kimm lou de no oamol sehng
mou bold oi af d Erd da koltn
kimm - konn me nimma lang holtn«

Staad drahts a se im Wind dem kloan
dea üwa d Roan üwa d Hugln
ummazou streicht - eina ins ....

Sch... sch... sch... sch...

115

Da Auswärts

De staade Zeit vom Johr is um
und länga wiard da Tog
wous do und duatn hischeint d Sunn
daweckts alls af oan Schlog

Kaam wiards no eighoizt aetza d Stum
a d Handscha san voramt
im Wold draußt datschn d Rentna um
koan Sunnschei hams vosamt

Vo Tog zu Tog se s Lem mehr rüahrt
reckt se und soucht in d Wiarm
längst hamans d Vaecha – d Zweigln gspüart
daß goa san d Wintastüarm

Scho knospn Bam, staubt d Hoslwurscht
a d Impn fluing scho mehr
s Schmolzblüaml kraegt sein eastn Durscht
s Wei richt zum Stöwan hea

Koa Baua no im Stübl sitzt
grantlt und Dama draht
schau hi wae dea am Feld draußt schwitzt
und sein Howan osaat

Dea hot recht - im Auswaerts mouß gscheng
obaun moußt beizeitn
füa alls im Lem solltst d Soot fraeh leng
na brauchst net Hunga leidn

Gebet

Liawa Herrgott hülf ma
daß es ja net vogiß,
wenne grouß bin und stoark
wae schöi s Kloasa gwen is.

Lou me ruhig wachsn
vo außn und innan,
owa tou me bei Zeitn
ans Kloasa erinnan.

Edi Reitmeier
Mundartautor
Jahrgang 1941, verheiratet
1 Tochter, 1 Enkeltochter, 1 Hund
Geburts- und Wohnort, Furth im Wald
an der böhmischen Grenze.

Stationen
Gelernter Maschinenschlosser Gießerei-Fachmann,
gearbeitet als Abteilungsleiter in der Schweiz und
Luxemburg. Bis zum Ruhestand Sachbearbeiter
für Arbeitsstudien in der Industrie.

Lebenslang Musik! Angefangen im Kinderchor,
Tenor in verschiedenen Chören, Ensembles für
Volksmusik und mittelalterliche Musik. Bassist
in Tanz – und Volksmusik, Jazz u.a. in Combos
und Big Band. Mundartdichtung. Mundartpflege
als Mitglied im Niederbaierischen Mundartkreis
Deggendorf. Mitarbeit beim Bairischen Mundarttag
Deggendorf seit 1986. Lesungen in Schulen und
diversen Veranstaltungen, Rundfunkbeiträge.

Auszeichnung
Verleihung des **Poetentellers 2008** durch die Bayerische
Staatsregierung.

Inhaltsverzeichnis

Weitere Bücher aus dem Verlagsprogramm

Noch mehr Bücher finden Sie in unserem Shop: www.myspielberg.de